ABOUT THIS MANUSCRIPT

Title: Der Ackermann aus Böhmen (The Plowman from Bohemia)
Author: Johannes von Tepl (c.1350 – c.1415)
Illuminator: Workshop of Ludwig Hennflin
Origin: Stuttgart, Germany
Date: c.1470
Language: German
Folio dimensions: 311 x 212 mm
Location: Heidelberg University Library (Cod. Pal. germ. 76)

Facsimile compiled by Palatino Press
www.palatinopress.com

THE PLOWMAN
FROM BOHEMIA

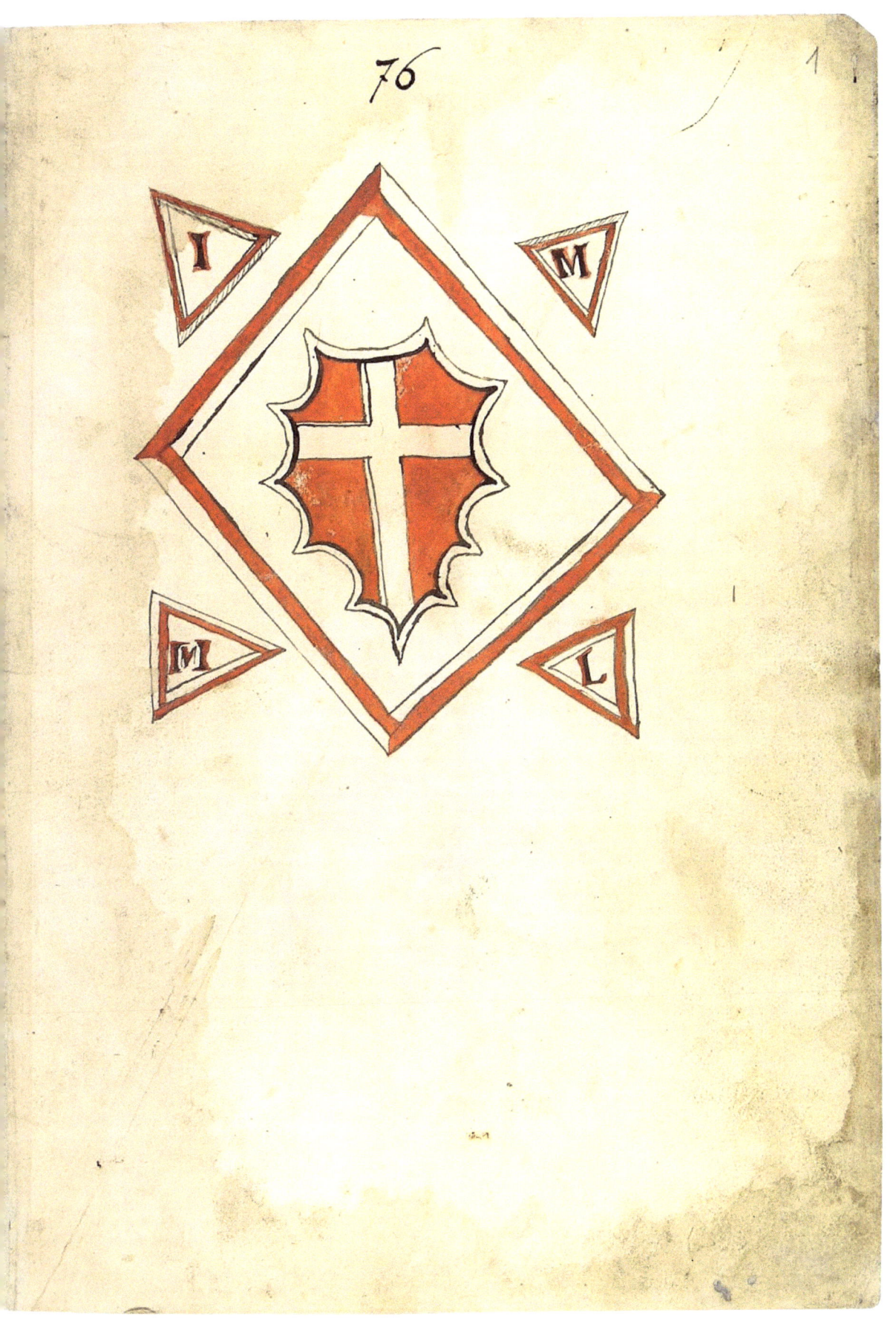

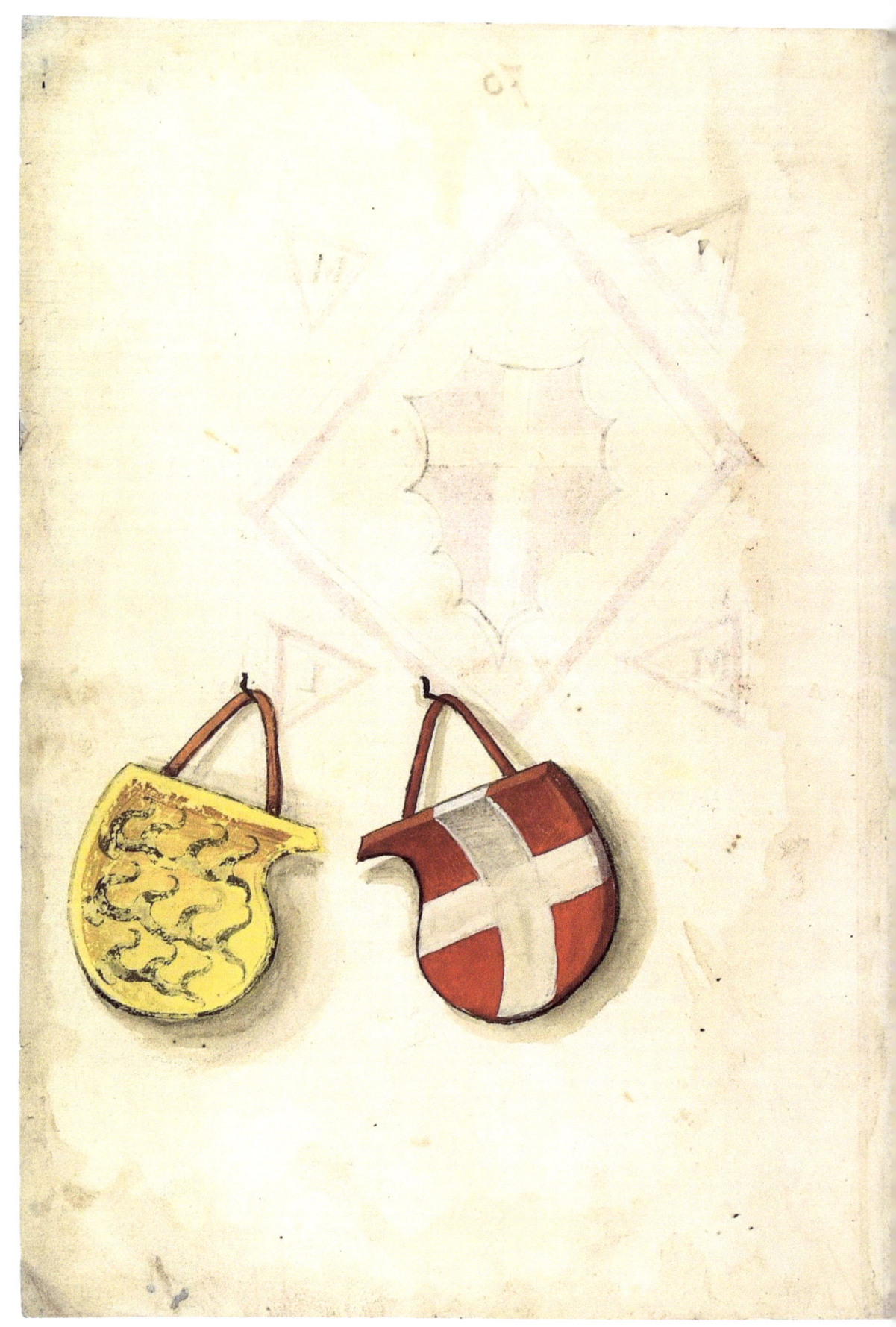

In disem Büchlin ist Beschriben ain kriег
Wie ainer dem sin wip gestorben ist be
schuldet den tot so verantwurt sich der
tott Also setzet der ye ain cappittl vn der
tot das ander biß an dz ende der cappittl sint
vier vnd dreyssig dar inn man hübsches sines
gedichtes behendikait wol findet vn begin
net also der ackerman mit sin clag an zu fahen

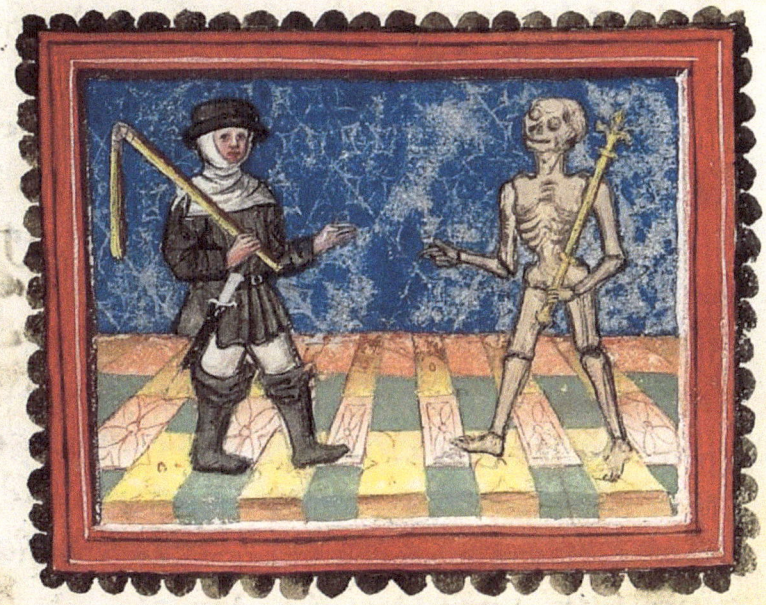

Einiger tilger aller lütte Schedlicher
echter welt fraissamer aller lütte sy
tott üch sie verfluchet Gott euch tirmer
hasse üch vnsälden merunge wone üch by
vnglück husse gewaltiklich zu vch zu male
geschandet syt ymer Angst not vnd Jamer

Verlaß euch mit wol gewandent, laid betrü=
bnuß vn komer, die laitten vch allenthalbñ,
laidigen anfechtungen schentlich zuuersucht
vn schemliche ferzinse die bezwinge vch
gröplich an aller stat hymel erden son=
ne Mon gestirne Mere wäge berge ge=
filde talle owen Der hellen abgrund ach
alles das leben vn wessen hat sie vch vnho=
lt vngunstig, vn fluchent vch ewigklich
Jn boshait versinck Jn Jamerigen elende ver=
schwindet, vn in der vnwider bangeder
schwaist, ächt gottes aller lütte vn Seg=
licher Schöpffunge aller Zu künfftige Zitt
blibent vnferschampter bössebrecht vrwer
bösse gedencknuß lebe vn timber burzende
gawe vnd forechte schaiden von vch nicht
tz wont vr tz wonet von mir vn aller me=
glich sie vber vch ernstlichen zetter gesch=
rüwe mit gewonden henden ꝫ

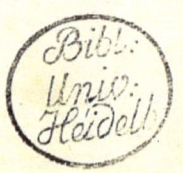

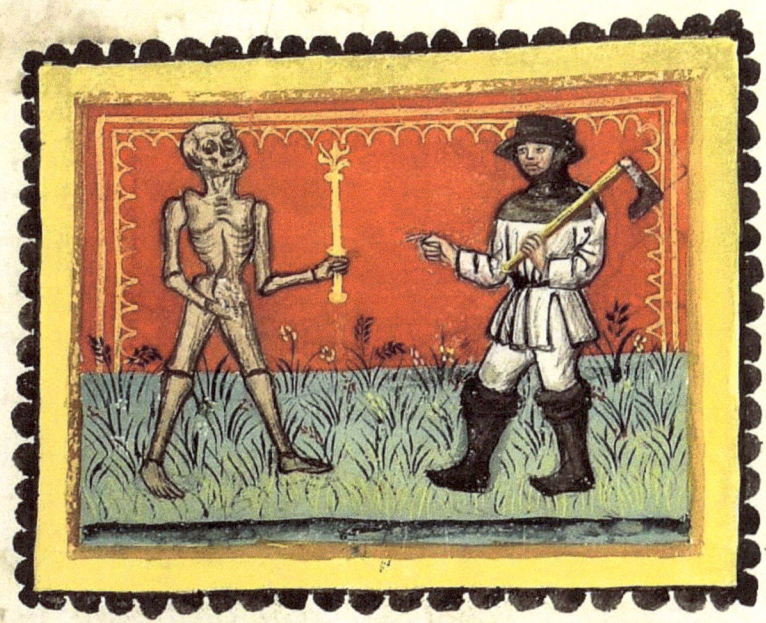

oet hört hörrent nüw wunder grusam
vn vngehört teddinge fechten vns an bo
wem die komen dz ist vns zu malle fremd doch
tett tröwens fluchens zetter geschraib hende
windes vn aller vnkrautunge sin wir an alln
enden vntz her wol genessen Darnach sume
wer du bist melde dich vn lutbar was die
laides von vns wider faren sye Darumb du
vns so vnzimlichen handelest das wir vor
mals vngewon sin Allaine wir doch mamich
kon striechen edlen schönen mechtigen vnd
hefftigen lütten sez ober den sin hant ge
grüsset da von witwen vn waissen landen

Vnd lütten laider genüglich ist geschwechen Du
tust dem glich als diz erst sye vn doch not
schwerlich bezwinge dln clag ist ane dz
nmen da von wir brüffen du wellest vn durch
dornes vn zirnes willen dinem sine nicht
entwichen Bistu tobent wüttende wall
unge oder anderstwa one sinne So verziche
enthalt vn biß nicht zu schelle so schwerli
ch zu fluchen Dan wartte dz du mit betü
mert werdest mit asser rüwe Wenne mit
das du vnser herliche vn gewaltige macht
ymer mügest geschwechen dannocht hen
ne dich vn verschwige nicht wellicher lay
sachen diz sye von vns so mit zwenglicher
gewalt begeint verhuertig wir wol werdn
verhuertig ist vnser gesert wir wissen wol
du vnß fruenlich zuogest

Bins ain Ackerman von gewalte
ist min pflüger. Ich wonne in behem
lande Beheßig vn widerwertig vn
vorder streben sol ich vch ymer wessen
wan ir habent mir den zwelfften buchsta
ben miner fröden. hört vß dem alphabet
gar krasssamlich enzucket. Ir habent mi
ner wonnen liecht simer blüemme mir vß
mins hertzn anger iemerlich vß gerüttet
Ir habent mir miner selden hafft min vßer
welte Turttel tube arglistlichen empfröm
det. Ir habent vnwindilichen roup an mir
geton. wegent es selber, ob ich it billich zů
ne wütte vn clage von vch, sin ich fröden rich
wessens beröbt. Teglicher gütter lebtage vn
aller wonnenbringender zente güsset vch
vnd fro was ich für mals zů aller stund kurtz
vn lustsam was mir alle wille tag vn nacht
Inglicher maß fröden rich geröiden rich sü
baide sin yeglich iar wan mir ain fröden ri
ches iare. Num wirt zu mir gesprochn sich
abe abe by türren getzancke vff dorrem aste
betrübet schwartze vn zerstörret blibe vn
hülle one vnder laß. Alß töbet mich d'römt
Ich stimme da hin durch des wilden meeres
flucht Die donne habent überhand genome

Din ander hassset minder her vmb Ich am
ende schrien will Ich tod üch verslüche

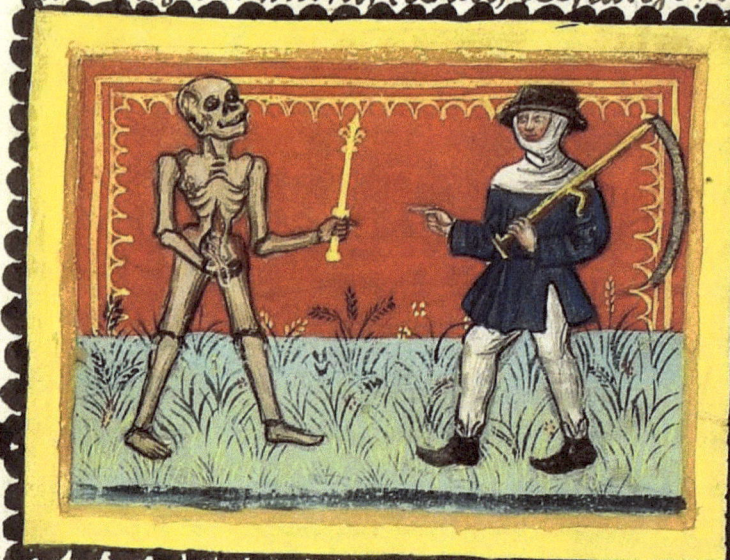

Ander nimmpt vns sollicher vngehör
ter anfechtunge die vns nie hatt
begernt Bistu es ain ackerman wonnieder
In behemer landt So dunckt vns du tü
est vns hesstigklich vnrecht wan wir In
langer zitt Zu behem mit endlichz hand
geschafft sunder nun niuwelich In ainer
vesten hübschen stat vff aine berge wer
lich gelegen der han wir buchstaben der
achtzehenden der erste der dritte vnd
druyvndzwaintzigist In dem alphabet aine
name geflochten do han wir mit aine sel
gen dochter vnser gnade gewürket ǯ buch

staben was der zwelffte Si was gantz frome
vnd wandel frÿ, Wan wir waren gegenwür-
tig da sy geboren ward, do sant Ir frowe
Ize amen gerenmantel vn ame ein kratz
di brachte ir frowe selden vnzerrissen vnd
vngemailigt, den mantel, vn den ein kratz
bracht sy gantz mitz vntz in dz grabe vnser
vn ir gezüig ist der erkenner aller herczn
Bütter gewissen frimthold töwe gewerze
vn zu male güttig was sy gen allen lütten
werlich so stette vn so gehüre, kam vns zu
handen selten es sye dan die selbig die du maist
anderst wissen wir kaine

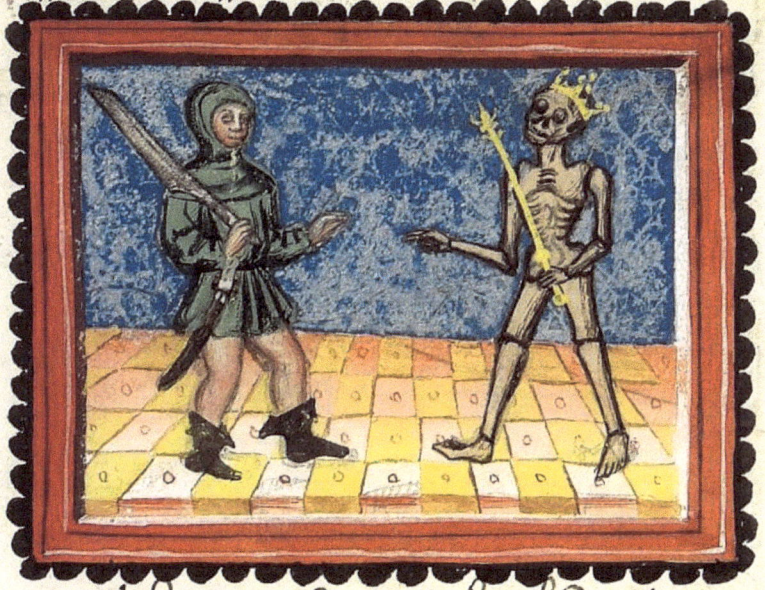

A Herre ich was ir friedel Ey min amme
Ir habent sie hin min durchlewchtigeste

Uugenwaide Bi ist do hin min freide schilt
für vngemach wart enweg ist min warsa
gendeschilt tut hin ist Do stet ich armer
ackerman allain verschwunden ist min lie
chter sterne an dem himel zu rast ist
gegangen mines hailes summe vff get sy
nymer mere Nicht me gatt vff min lü
chtender morgen sterne gelegen ist sin
schine barñ laid vertrib hon ich me die
vinster nacht ist allenthalben vor mine
ougen Ich wene nicht dz si mir rechte
frönde nymer mere muge wider bringen
Wan miner fröden achtber banner ist mir
laider vndergangñ Better waffen vn herzñ
grunde sy geschrouwen vber dz iare vber
den verworffen tag vn vber die laidige
stunde dar ynne min stetter hartter den
mantt ist zerbrochñ dar ynne min recht
firxender laid stap vnbarmherziklichñ
mir vss den henden wart gerucket dar ÿne
ist zu mines hailes vernuwenden iung
bronnen min der weg vchouwen Ach one
ende we one vnderlass vn ymeriges ver
smlten geselle sye üch tott zu erbe aÿgen ge
ben last anlige schandung wunder losse vn

griszgramig sterbent vnd In der helle ver=
sincket Gott beroube uch vwer macht vn
lasz zu bulffer zer stieben one bille ha=
bent am tuffelicht leben

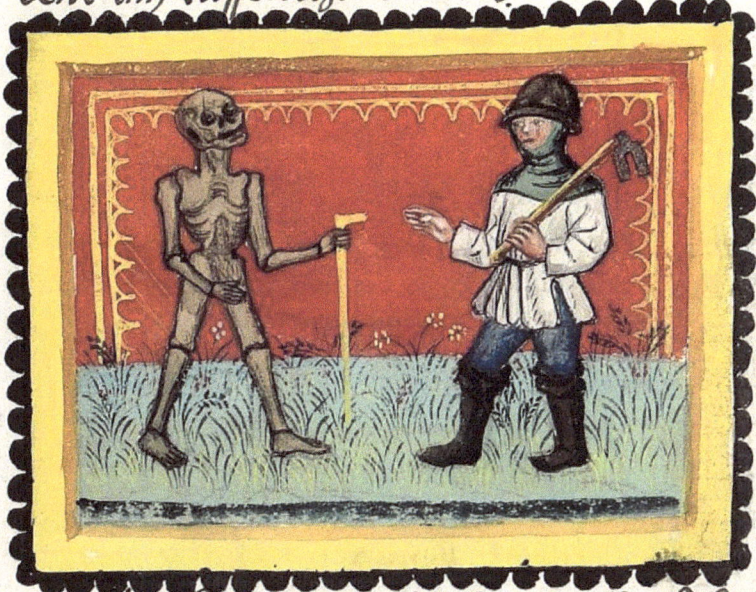

In fuhs schlug Aime schlaffenden lowe
an den backen Darumb wart im sin
back zerrissen Ain hasse zwaget amen
wolffe Noch huit ist ez Bayellosse dar
umb ain katze browet aime hundt der da
schlaffen wolt Immer müssen sy der huntte
veintschafft tragen Also wiltu dich an vns
riben Doch glaube mir knecht knecht herr
blibt herr wir wellen bewissen dz wir
recht wegen recht ruchtin vn recht
farren In der welt niemas adel noch grosz
ez tunst nicht achten tainerlay schöne

Wit an setzen Babe liebe alder laides suget
vnd allerlai sachen nicht wegent wir tun
als die sone die scheint vber gutt vn böse wir
nemen gutt vn böße In vnser gewalt dalle
die maister die do gaiste kinnen twingen die
müssen vns jr gaiste vff geben vn antwurtn
die wildwiss vnd die zuberin kinne vor vns
nicht bliben So hilffet mit dat sie zitten
vff den brusten dat sie ritten vff den böcken
die ertze die den lütten das leben legen muss
en vns zu tail werden wortze krutt salben
vnd allerlay apoteken pulffer kinnen sie
nicht gehelffen Solten wir allain den zwi
falten vnd den heinwestkrecken rechnunge
tun vmb ir geschlechte An der rechnung
wurde sie nicht benügen Solten wir duch
vff satzes durch liebe oder durch laides wil
len die lütte lassen leben Aller der welt
kayseztum wer nun vnser Alle könige hettn
jre kronen vff vnser höpt gesetzet jre zepter
jn vnser hand geantwurt Des babstes stüle
mit siner dryzekrönter jnfell werze wir nun
gewaltig lab stum am jüngsten tage nicht
von pfaposelt nuwe mere, horwe mich vber
dich so zweren die die sperne nicht vnder
die augen

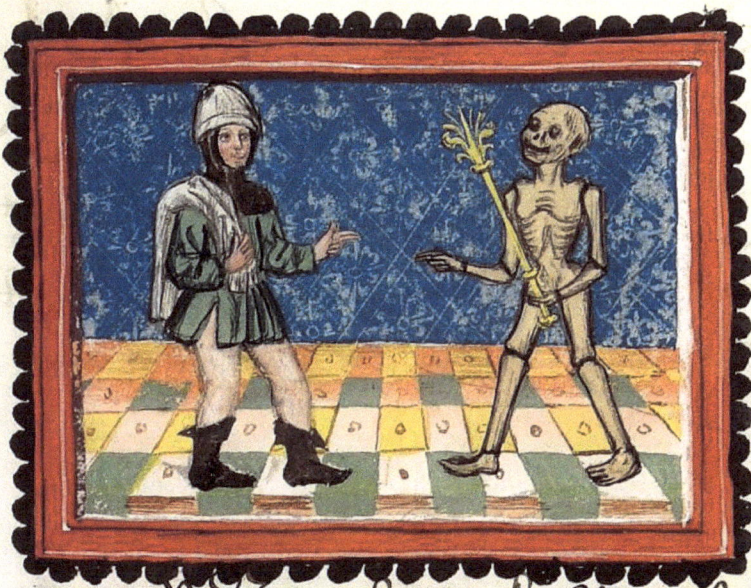

Vnde Ich geflüchen kunde Ich geschze
lten kunde Ich vch verspien das vch
wiers wurde das hetten Jz schulthchen wol ver
dient an mir wan nach grossem laide grosz
clage solfolgen vnmestlich tett Ich söllich
lobelich gottes clage die mema dan gott gebe
mag nicht bewainte Zworre teurren sol vch
Jemer empfolchen ist mir nim exentucher sch
atze nin tuffenthaffte fraw billich clage Ich
wan si was edel der geburte kich der eren vn
über alle Jz gespillen gewachssamer persone
warchalfftig vnd züchtig der worte küsche
des leibs gutter vnd frölicher mit wonunge
Ich schwige als mere Ich bm zu schwach alle
ire ere vnd tugent die gott selber mit Jz hatt
getailt Zuvolsagende herre tott Jr müsten
es selber vmb söllichs grosz herzen lait Solt
vch vch mit rechzt zu suchen werlich wer icht

Bütter an üch mit recht zu suchen Es solt
üch selber erbarme Ich wil lexen üch üch
mit güttes sagen Mit allen meine vermügn
wil ich üch ewigklich wider streben Alle got
tes zierunge sol mir by stendig wesen wid'
üch zu würken üch mindet alles das der ist
in himel uff erdn vn in der hellen

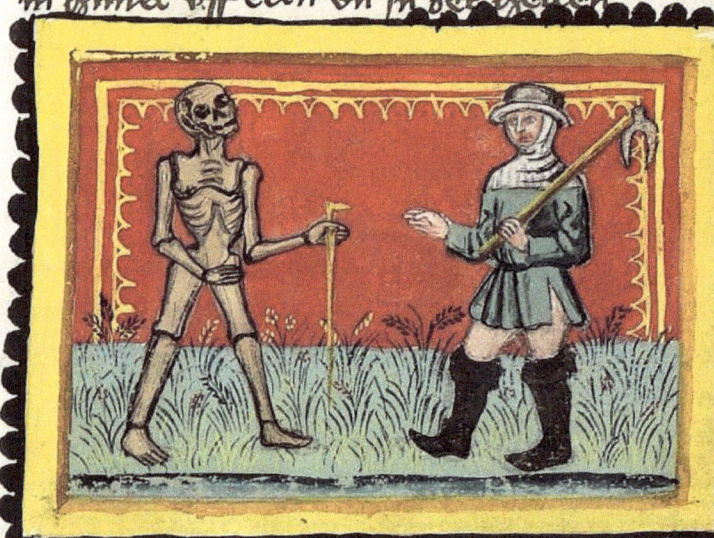

Es himels tron den gutten gaisten d'
helle abgrunt den bösen jedisch land
hat gott vns zu erbtail gegebn Dem himel
fride vnd lone nach tugenden der helle pin
vnd straffunge Nach sünden der erden kloß
vnd meres stürme mit aller irer behaltu
nge hratt vns der mechtig aller welt
Hertzog beuolhen den worten das wir alle
öber flüssikait vns vnd romdn uff sütten vnd

betten söllen Nim vic dich dumer man prüf
fe vñ grabe mit sines grabe stikel in die ver
nunfft So findestu hettn wie amersten von lai
me gelestet manes zitt lit vff erden die z
vnd wurme in wessunge vñ in wilden hald
en Schuppentragender vñ schlupfender visch
in dem wasse zu wachssunge vñ merunge
mit vss gerüttet von clainer morken möch
te nim niemat beliben vor wolsten törste
nim niemat vss es wurde fressen ain me
schen daz ain tiere ein jeglich lebentig behaf
unsch die andern wan narunch wurd in gebre
chen die erde würd in zu enge Es ist dum
wer bewomt die töttlichen lass abe die le
wendigen mit dem lebendign die tottn mit
den tottn Als untz her ist gewessen Bedenck
was du domer was du claden sollest

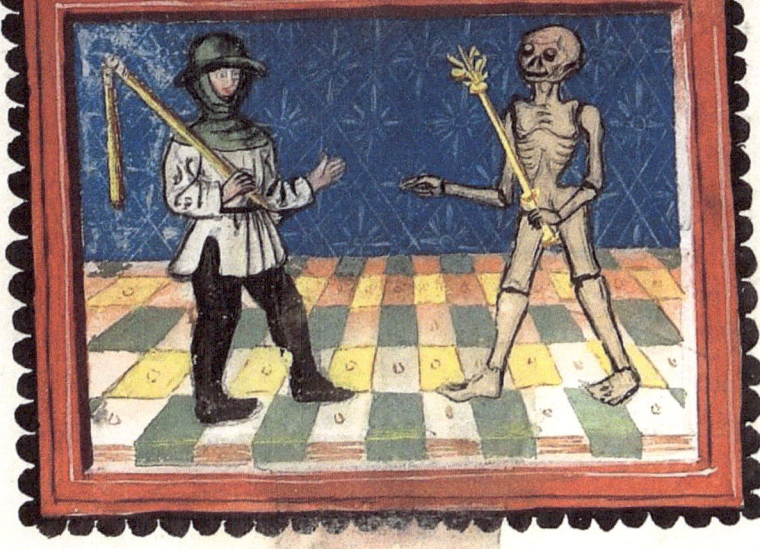

vn widerbringenlichen mine höchsten
hortte han ich verlorn sol ich mit we-
sen truurig vn iemerich muß ich bis an min
ende harren entwennet aller fröden Der
milte gott der mechtich herre gerech mich
an vch argen turen machez getay gent
habent ir mich aller wonnen beröbt lieb
lebtage entspenet mithzeller exxen mich
iez het ich fur die güte die zain du herre
engelt mit iren kinden in zame festen ge-
uallen Tot ist die herme die do vß gezogen
hatt sollicke hörner der gott gewaltiger
herre wie lieplich ich nine wan si so zuch-
tiglichs ganges pflag vn alle exe vn sie
meschlichs geschlechtes do lieplich serhent
sprechen Damite lobe vn ere die zarte ire
vn iren vestlingen grüme Bott alles gütes
kunde ich darub gott gedancken werlich ich
tet es billich welluchen greme hat er bald so
zilich begabet Man rede was man welle we
gott mit aine zaine zuchtige wybe begab-
et die gabe haisset vor aller vswendiger fx
dischez gäbe O aller gewaltiger himel
graue wie wol ist dem geschechin den du
mit ainem zainen vnuermasligten getonh
ast begabet frowe euch versamer ma aine
zaine wibe besamb maes gott gebe vch frö-
den baide was waist da von ain domez der vß

Dißem Iunckbronne nie hatt gedruncken, allein
mit zwenchlich hertzen laid ist geschechen
Dannoch danck Ich gott inniglich das ich dÿ
vnuerruckten dochter hon erkant sicher bö
ser tot aller lütte sint sint gott ewigklich, gehessig
gehessig

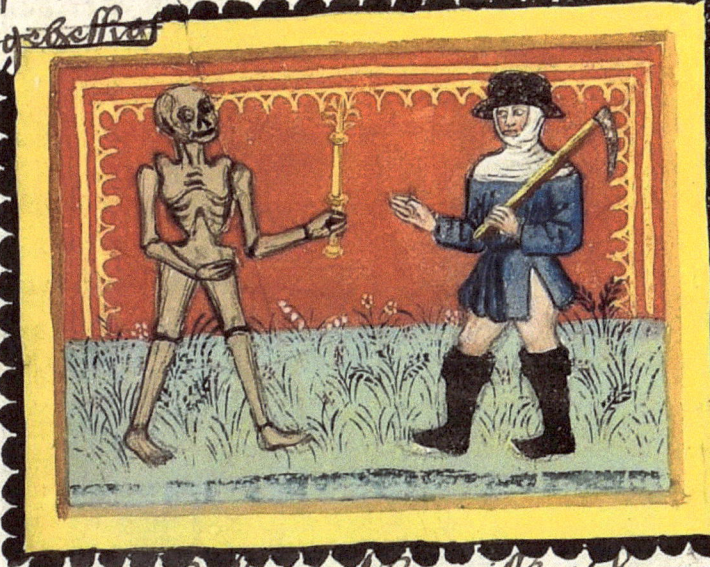

Hast mit vß der wißhait bronnen
gedruncken das bruff Ich an dinem wor
ten in der natur gewürcken hastu nit gesech
chen In die müschunge werentlicher substand
hastu nit geluget, in jedische wandelunge
hastu nit gegütz, ain vnuerstendig wolff bistu
Merckewie die lustigen rosen, vnd die star
cketrehentin lilien In dem garten wie die
krefftigen würcze vnd lustgebenden blümen
In den owen wie die festenden stain, vnd di
hochgewachssen böm In dem wilden gefilde
wie die crafft haben vnd die starckwaltign

Neowen In enterscen wustunge wie die hochste
wachsen zocken Bekenter abentürlichen hoch
gelererin vnd allerlay maisterschafft wol ver
mügenter lütte vn wie alle ÿrdysche creature
wie kunstig wie lustig wie starck si sind Vor
lange sie sich enthalten wie lang sie es triben
müssen zu nicht werden allenthalben vnd
won nun alle menschliche geschlechte die ÿe
wesen sin oder noch werden müssen von wesen
zu nicht wesen komen wes solt die globte die
du bewarnest geniessen das ir mich geschechte
als den andren Alls ir du selber wirdest vnd
mit enterwen wie wenig du yetzunt getrui
west allhernach vwer yeglicher sprechin Im
clage ist entwilet sie hilffet dich nicht
si gett vß toben si men

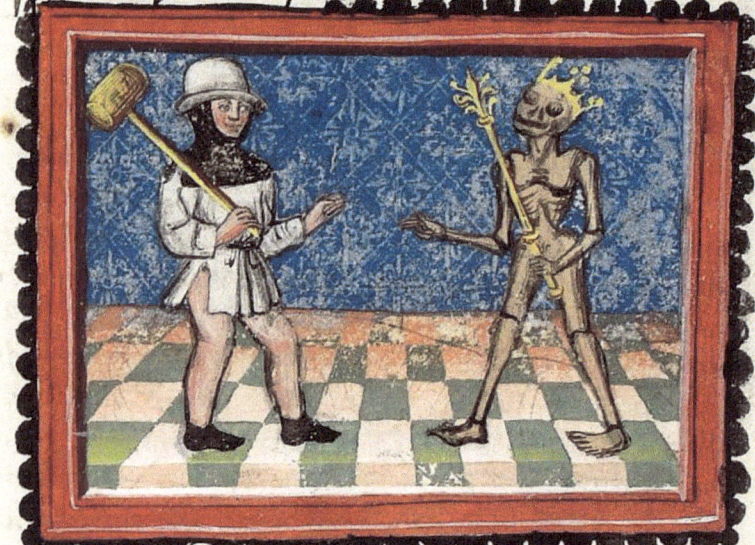

Ist der nun vn vwer gewaltig ist ge
truiwe Joh woltz werde mich vor dich

S Te schirmen vnd vmb die vorgenant übel tät
die ir an mir begangen habent strengklich an
vch gerochen sol werden Dunckel wisse tracht ƺ
mir vor vnder falsch tracht ƺ mir sinne vnd we
lt mir min gehürc sinen lait vernofft lait
vn hertzen laid vß den ögen vß den sinne vß
dem mutte schlagen ƺ Schafft nicht wann
mich zürnet min seuge verlust die ich nyme
wider bringen mag fur als we vn vngemach
A ein hailsam arczetin gottes dienerin mins
willens pflegerin mins libes vfwarterin
vnd mmer ern vnser ern teglich vn necht
lich warterin was sie vnuertroffen was ƺ
empfolhen wart dz wart von ir gantz zam
vnd vnuersoret oft mit merunge masse
sorge vn beschaidenhait wollten stette vnd
an irem hoffe die scham trüg si stette der ern
spiegel vor iren augen gott was ir günstiger
handheber Er was auch mir günstig vn ge
nedig durch iren willen dz het si als vmb
gott erworben vn verdient die zame lußere
lone vn gnedigen solt Bibt ir der milte lone
aller turren Boldener aller richster herre
tu ir genedig wan ich ƺ mit kan gewünschen
Ach ach ach vnuer schampti mörder her
tot böser lasterbalg der züchtiger si vnser
richter vn binde vch sprechent vor mir in
sien wiegen

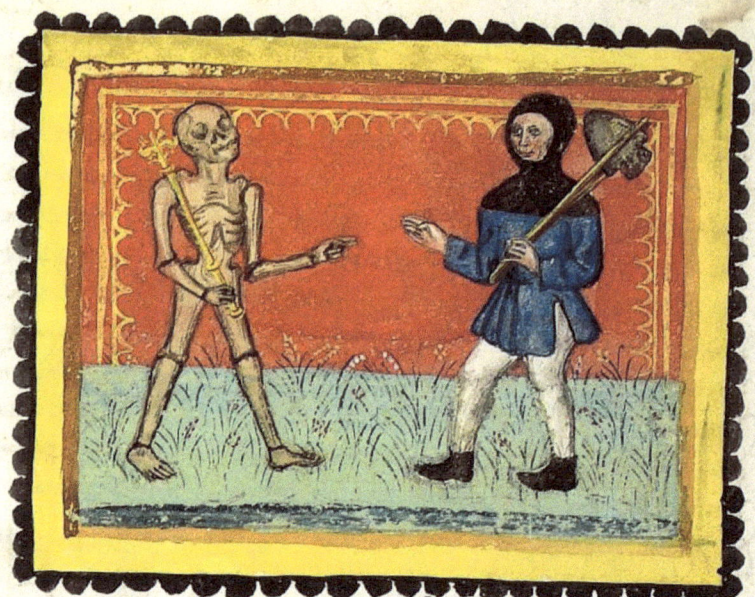

Vndestu recht messen wegen vñ zellen
oder tichten vß ödem köpffe liessestu mi-
cht sölliche rede du flüchest vnd bittest vn
verstheklich vnd one nottürfft was tugett
söllich essextay wir haben vor gesprochen
künstlrich edel erhafft fraydung errtich
vnd alles was by lebent ist Müsß von vnsen
henden abghendig werden damocht das
festu vnd spruchest als din glücke sy an dine
rame frome wyb gelegen sol nach dmez
mämuch glücke an wyben lißen so wellen
wredir wol ratten das du by glücke belibest
wart nun das es mit zu vnglück geratte sa
ge vns do du am dem ersten din liebe hußfran
nemest findestu sk frumc oder machstu sk
frome hastu die frome gefunden so suerk
verninffteglich du vindest noch wol ram
vnd fromer frawen vff der erden der die

Lieme zu der ee werden macht Hastu sie aber from
gemacht so froͤwe dich du bist der lebentig mai
ster der noch ain from wyb geziere͂n vnd mach͂e
kind Ich sage dir aber ander mere ye mer dir
liebes wirt ye mer dir laides wirt vn widerfert
hestu du dich vor lieb überhaben so werest du lai
des überhaben ye groͤsser lieb zu beken͂e ye groͤs
ser laid zu enpork͂e liebe wybe kinde schatze
vn als irdisch guͤt müss etwas froͤden am anne
fang vn mere laides am ende bringen Alle
irdische liebe müss zu riessen laide laid ist
liebes ende der froͤden ende riwen ist nach
lust verlust müss komen willens ende vnwille͂
zu sollichem ende lossen alle lebentige dinge
lerne es wass sit du vo glück wilt sagen

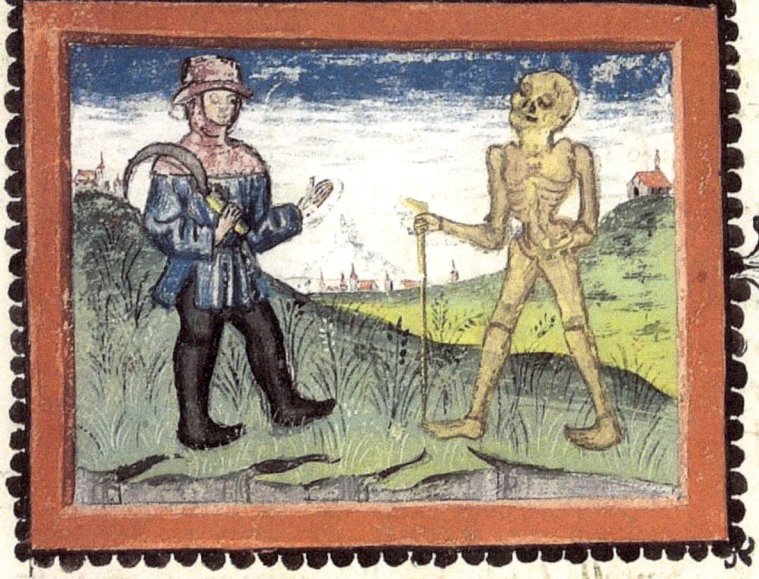

Nach schaden folget spotten das empfinden
die betrüebten wol Also geschmucht vo vch
mir beschädigtin man liebens entpent laides
gewent habt ir mich also lang got wil muß
ich eß vo vch leiden wie schompf ich bin wie
wenig Ich hon zu jmmerlichn maist wishait
gezulett donnoch waiß ich wol das ir mir
ein zober miner fröden dieb miner gůttn leb
tage steller miner wunne vermochter vn al
les des das mir wonsam leben gemacht vn
geliebt hatt zerstörer sit weß sol ich mich
nun fröwen wo sol ich nun trostesuchn wo
hin sol ich nun flucht hon wo sol ich hail
stett finden wo sol ich nun turuwe ratt holen
hin ist hin al min lied sint mir vschromden
Zuhüte ist si mir entwischet al zu schier ha
bt ir si mir enzucket die getruwe vn gehui
ze wan nun ich zu rouwar vn mine kind zu
wessen so ongeneglich habt ir gemacht El
lende allaine vn laides vol Blib ich vo vch
merdatzett besserunge bekinde mir vo vch
noch grösser misstat noch me wider faren
wie ist dem herre tot aller ein brecher an
vch kan yemant ichtz gütz verdiene noch
finden wolt ir ymant genüg tůn mémat
welt ir ergetzn Ich brüffe barmherzikait
wonne by vch nicht fluchtens sit ir gewonne
Gnadenlosse sit ir an allen orten Soliich gütt

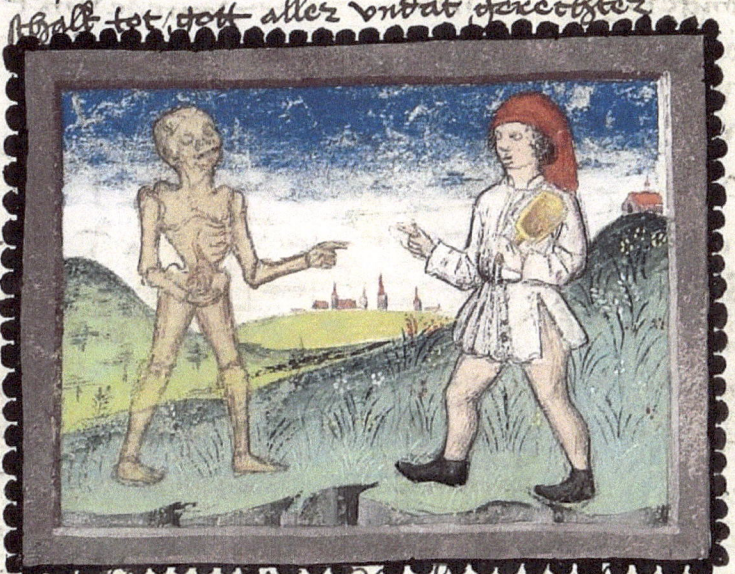

Hart die ir bewesen vm den luttern solliche
gnade so die lutt vō vch empfachen sollich lone
so ir den liuten gebent sollich ende so ir den luttn
schickent tūt schulde vch der todes vn lebe
ndiges gewaltig ist fürst liimlistiger mafn
ergetze mich vnʒehūre verlust mitzels
schadens vnseliges trübsals vn iemerlichs
waffenthūmis do by gerech mich an dem ertz
schalk tet gott aller vndāt gerechter

Ile mütz gerecht als mere geschweigen
vom törlich gerett Nach kriege sintsch
afft vnrücge nach vnrücge formge nach fe
zimge wetag nach wetage affter krow mūst
idem verweren man begimnen krieges mütest
du vns an Da clagest wie wir laides habn
geton an dinez zu mal lieben frown ist gūt
lich vnd genedtiklich geschechn by frölicher

Tugent by stolage lide in besten lebtagn in besten
winden an besser zit mit ungehencktin eren
haben wir si in unser gnad genome, Das habe
gelobt das haben begert, alle wissagen wo
ly sprechen am besten zu sterben won am
leben zu leben Ez ist nit wol gestorben, wer
sterben hat begert Ez zu lang gelebt
wer uns um sterben hat angerüfft we und
ungemach ime wer mit alter wird de wirt
über laden By allem richtum, müss ez arm
wessen Des tores da die himel tort, offen
was an des himels torwertels lettn fürtage
Do man zalte von anfang der welt, sechs
tussent fünff hundert nün un nünzig Jar
by tindes gebwrt, die selgen merterin hieß
mir rawme dz tnetz mende ellende uff die
mainung dz die solten zu gottes erbe in ewig
fröde jmmer werentz leben un zu unendiger
reüwe nach güttem verdiene gnedigklichen
tome, we geschig du uns bist, Wir wellen dir
wüstgen un grinden das dm selle mit der jren
dort pin pin pin Albie in der erden grüfft
wessen solten Bürge wolt wir werden je
gütdat würdestu geniessen Gedwich ent
halt als wenig du kanst der sonne ir liecht
dem mon sin lebt, dem fur sin hitz oder dem
wasser sin netze beneme mag Als wenig
kanstu uns unser macht beroben

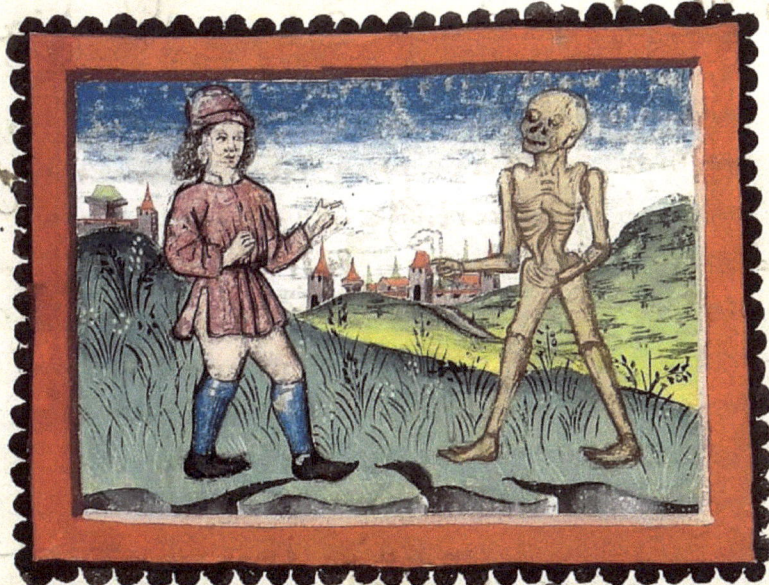

Es schouwer vff rede betarff wol schuldig
man Alß tüt ir och süße vn suer linde
vnd herrte güttig scharpff pflegent sz och
zu bewissen den sir mant zu betriessen das ist
an mir schein worden Wie ser vch beschönt das
waiß ich das ich der ein wol vn schone vnd vwer
schwindn vngenat wegn komerlich enbern
müß Auch waiß ich wol dz söllich gewaltz sun
der gott vn vwer niematz ist gewaltug so bin
ich von gott also mit gepflaget Wan hett ich nichtz
gewart gen gott Alß laider dick geschechzn ist
das habt ir an mir gerochzn oder es hat mir
wider bracht die wandels one Jst der übell
teter her vmb wist ich gern wer ir wert das
ir also vil gewaltz habt vn auent sagn mich

Also gefodert min wonnerthn artzer gödett mier
starcken dorn under greberin Tröste mich und
ergetze mich arme betrübtn ellendn sellsizen,
den man Bib herre pflag tü under werteling
mettlonich vn vertilge den grimtlichen tod
Der din vn vnser aller findt stets ist Herre In
deim bueckinge ist greulichers mit schützli=
thers nicht schedlichers nicht herwers vnd
vnnerrintt die alle din jedische herschafft Se
das düchtig won das vndüchtig Nipt er hin
Schedliche alte sieche müntze lest er alhie
die guttn vn die nützn zuckt er alhin richt
her richt über den falschen richter

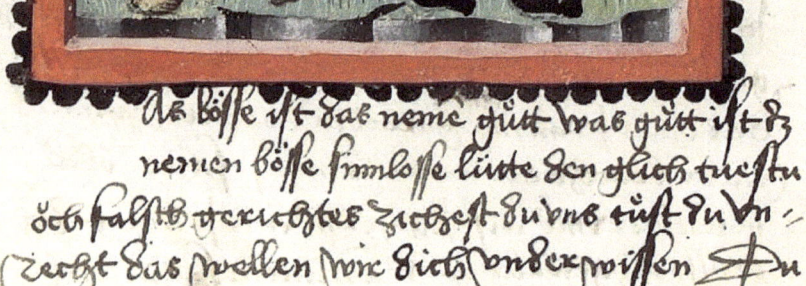

Als bösse ist das neme gütt was gütt ist d'z
nemen bösse sinnlosse lütte den glich tüstu
öch falsch gerichter ziehest du vns tüst du vn=
recht das wellen wir sich vnderwissen Du

Fragest wer wir sin wir gottes hand here rott
dain rechter wirckender meder Vom graß
brön gren bla grä gelle un allerlay gantz blue
men howent sich vor sich inder zit glantzes
Irer krafft nie tusent nicht geachtet dar
genusset der fiel nicht siner schöne farwe sin
riechen geruchz sich dz ist rechtuertikait
uns hat gerechtuertiget getailt die romer un
die peten won si uns baß dan du bekomten Du
fragest wer wir sin wir sin nichtz wan wir we
der leben weder wessn noch gestalt noch und
stond hond nicht gaist sin nicht sichtig nicht
offenliche sin deshalben etwas wan wir sin des
lebens ende des wessens ende des nicht wessens
anfang ain mittel zwischn in baiden wir sin
ain geschicht die alle lütt fellent die grossn
himen müssen vor uns fallen alle wessen die
leben haben müssen gewandelt vor uns werdn
In grocen schulden werdn wir gezigen du fra
gest wie wir werdn unschedlich sin wir doch
wan unser figur zu rome in ain tempel an
ain wandt gemalet was als ain ma uff ainer
oessen den die augen verbundens warnen
stozent der selb ma ain howen in sein rech
ten hand un ain schuffel in sein linckn hand
do mit facht er uff dem oessen began In
schlug warff und straide ain mitzel menge
volks aller lay lütte yglichs mensche mit sins

handwerckß gezuige do was och die nome mit
dem pfalter die schlußen vñ wurffen den ma
uff den oessen in unser betüttnuß bestrait
der tott vñ beschruch sie alle Pilgerauß pflicht
uns zu aine maes sthein der hatt b assilign
author wandeltn in allen landen vñ enden
der welt vordeß gesucht sterbn müst alle
lebentige recatur Du fragst worme wir
waren wir in von dem sechisthn baradise
do dienst uns gott vñ mant uns mit un
stern rechten name do er sprach wellichs
tages Je der feucht enbist des todes wert
ir sterben Darub wir unß also sthreiben
Wir tot herre vñ gewaltig uff erden in der
luft vñ meres storme Du fragst warzue
wir süchtig sind vñ weren du hast vor gehort
dz wir der welt me nutzes dan unnutzes bri
gen hör uff laß dich benügen vñ danck uns
dz dir von uns so güttlich ist geschechen

lter man nüwe merre Gelerct ma vnbe
kant mere ferre gewandelt man vnd ain
wider den niemā reden tar gelogen mer wol sagn
torren wan sie von vnwissent sachen wegen vnstreff
lich sind so mügent jr wol liechtn allain sein dem
paradiß gefallen sit Ain meder vn rechtz zemet
doch horet üwer segesse meechen recht mechtig
bluemē tett sie vß den tistel lest sie sthon dÿ ston
vrkunt blibt die gütten krütter müssen verde
ben jr recht ewe segesse howe hin sich, wie ist
den dem dz si mere tistlen dan gütt bluemē mer
missug vn müsse dan kamelen, mere bösser lüte
dan guetter vnuerseret läß bliben Nenet mir
mit dem fingr wissent mir wo sy hin Mit jm ist
ist öch min lieben die vseln sint öch über blibn
wo sint si hin die vff erdn wonten mit gott redtn
an jm hulde gnade richtumß erworben wo sint
si hin die vff erdn sassen vnder dem gestiern vm
gengen vn entschiedn die planettn wo sint si
hin die sinreichn maisterlichn die gerechtign
die fürsichtign lütte von den die kronica so
vil sagen jr habt si all vn min zartte ermör
det die sind noch alda wer ist daran schuldig
Törst jr die warhait bekenne her tott jr wür
det üch selber nenne jr sprecht vast wie
recht jr richtet niemantz schont ewer sege
se howe nach ain ander fellet Ich stund da by
vnd sach mit meine augen zwo vngehiure

Der har volk hde hat über dritusent man
mit ain ander stretten uff ainë grüene haide die
wunten in dem blüte biß under den waden dar
under wart ir ez und warn gar geheftig an allu
enden her tott ir ettlich liest ir sten mere
knecht dan der herrn sach ich tot legen Do
klupt ir aine uß den andren als die taigen bren
dz recht gemewet ist dz recht gerichtet
So wer sesse für sich wol her liebe kind
wol her rittn wir engegen Enbiet und
sagen wir lob und ere dem tode der also recht
richtet Botes recht ist kum also gerecht

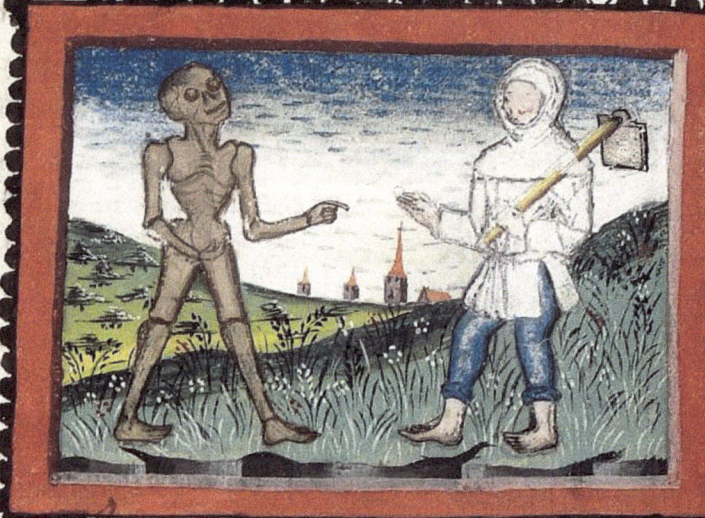

Er von sachen mit entbaiß der kam do
sachen mit gesagen Alß ist uns och ge-
schechen wir wusten nicht dz du als ain
richtiger man werest wir haben dich lang
erkant wir hettn aber din vergessen wir
wären da by da frau weißhait die dy weißhait

...it getäilt do her salomon an dem tottbett dir in
weishait vor recht do gott alle die gewalte die
er het moysses in egiptn land sluhen hette diz
verlegze do du aine leawin bÿ dem baine nambst
vn in an die wand schlugest wir sachn dich bÿ
sternzeln des mes riech vn sin fisch erchten der
regen tropfn zatin wir sachn gern den wettloff
an dem haffen zu babilon vor kunig soldan da du
dz banner for alexander fortest do er do in
bestrait do lugt wir zu vn gunden dir der ern
do du zu achadamar vn zu achems mit hohen
kunstreichen maister die och in die gothait mai-
sterlich sprechen kunden auentuire kundent
ablachst do sachen wir uns zu male liebt so
du rekone vnderwiffest dz er gütt tet vn gedultig
wessen solt do hort wie göttlich zu uns wundert
do du kaisser julius in ame rone schiff über das wi-
lde mer findtest vnd uns damck aller sturem win-
de gewand vo regen bogen bürcken dar inne
wunden engel fogel tierre fisch vn allerlay ge-
stalt do was auch die vole der affe von wiss wift
getragn zu male sere lacht were vn wunden
des sin dich ring do du zu pariss off den glocken
knopff saslest off der hutte damtzest in der sth-
wamtzen kunst winckest vn bannest die tuffel
in ain glazam glase do dich gott berofft in sine
ratte zu spriche vmb frow eua falle aller erst
wunden wie dimer weisshait fm het wie dich

Jch vernomen vnd erkant wie hettn dir ge=
follget wie hettn din wib vn alle lütt ewig laſ
ſen leben wan du biſt zu mal ain eluck eſſel

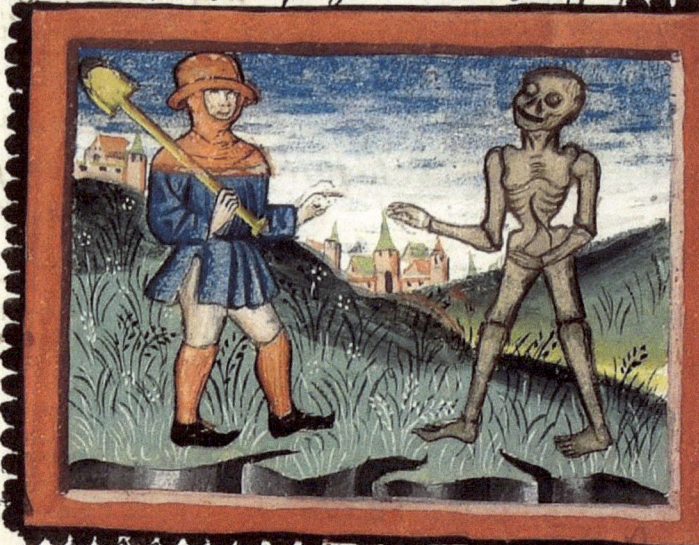

Eſpötte vn vbelhandlunge muſſe dicke
vff halten durch warhait willen die lütte
glicher wiſſ geſchicht mir vnuolgelicher dinge
zürnet ſi doch vngehort wer& wincken chon
altz tribt ſi zu vil gar vbel het ir an mir geſarn
dz murret mich alſß ſere wan Jch darüb rede
ſo ſt ſi mir heſſig vnd werdent zorns vol wer
vbel tüt der wil mit vnderton vn ſtraffung lidn
Binder mit vbermut alle ding vertzihn Der
ſol gar eben vff ſehen dz ym nicht vnwille dar=
nach beginn Nempt byſpil ꝛ by mir wie zu kurtz
wie zu lang wie vnfutlich wie vnrecht ſi
an mir habt geſarn damocht dulde Jch vn rache
es nicht alß zu recht ſolde Noch hütte wil Jch
der beſſer ſin Von Jch recht vnglücks oð vnhübſchs

Segen vch bawerket das vnder wissent mich Ich wil
jm gern vn wulligklich wider komen ist dz icht so
ergetzt mich oder vnder wissent mich wie ich wid
come mins großen hertzn laids werlich also kurtz
geschach niemac vber das alles min bescaiden
hait solt jz ye setzen kundtweder jz wider brengt
was jz an miner teuremwendern an mir vn an mien
kinden arges habt begangn oder kumbt des mit
mir an gott der da ist min vn vrbe vn aller welt
recht richt jz möcht mich licht erbittn Ich
welt es zu vch selber lassen Ich tuwet vch wol
jz wurdent vmer gerechtikait selber erkenne
Dar nach mir genugn tun nach großer vndate
begert die bescaidenhait anderst es müst der
hamer den anboß treffen hert wider hert
wessen es come zu wo es come —

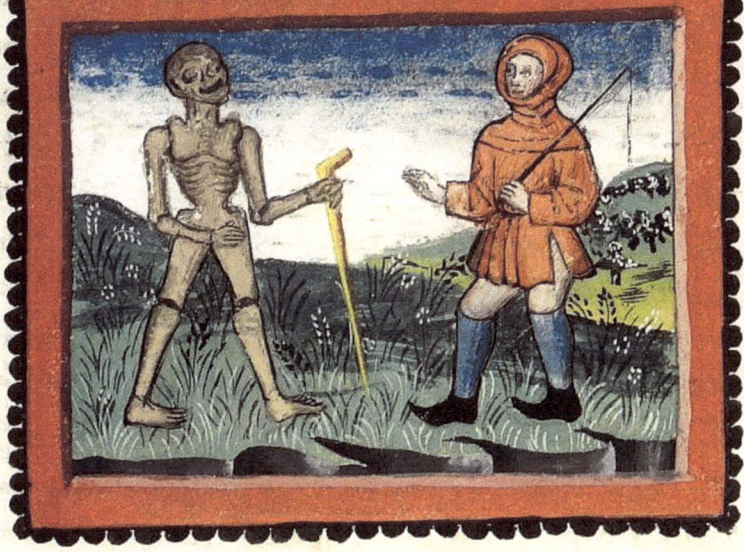

Jtt gütter rede werden gesenfft die lute
weßhaidenhait behelt die lütt by gem-
ach Bedult ringet lütte zu een zornig man
tem micht entschiden hettestu vns formals got-
lichs zu sprechen wir hettn dich guttlich
nder wissen das du nicht billich den tod dins
wibes clagn soltest vnd bewaine hast du nicht
gehant den wissesten der jn dem bade sterben w
ölt oder jm bürher gelessen dz niema sol clagn
den tott der töttlichen waß ist du nicht so wiß
das als balde so hat es den vmbloff drunten
das es sterbn söle Anfangs geschwisterdigz ist
das ende der vßgesant wirt der ist pflichtig
wider zu kome was je geschen sol dz stoß nie-
mant widren was alle lütt liden müssen dz
sol ain wider sprechn was ain mesch entlech-
ent das sol er wider geben Ellende buwen alle
lütt vff erden von recht zu recht müssen si wer-
den vff schnelln fussen lofft hin der mesch lebn
yetz mit lebn jn aine hantwilen gestorbn mit
kurczer wile beschlossen yeder mesch ist ain ains
sterben schuldig vn ist jn angeerbt zu sterben
Bewainstu aber dins wibs jugent du tuest vnre-
cht als schier als ain mesche lebentig wirt
Als schiere ist es ain gnug zu sterben du maist
lucht das alter fy ain edel hort Nain es ist sich-
tig an gestalt arbait last vn allen vbeln gefal-
len Es töge micht vn ist zu alln sachn entwicht

Zittig appfel fallen gerne In das hotte tiffend bren
fallen gern In die pfutzn Clageftu dan ji schöne
du dueft kindlich mus yglichen mefchen schöne
muß aintweder der tot oder die weltfome alter
vernichten, alle rosennarben mundeln müffen
blaich werden Alle liechte augen müffen dunckel
werden haftu nicht geleffen wie hermeß der
wiffage lernet wie sich ain man hüttn sol vor
schöne wibn, vn spricht was schöne ist mit to
gelicher byforge felber zu halten wan si alle lüte
begern welliche schultes es ist daz ist laitlich
zu halten wa es miffelt allen lütten, la faren
clage nicht verluft, die du nicht kanst wider
bringen mach

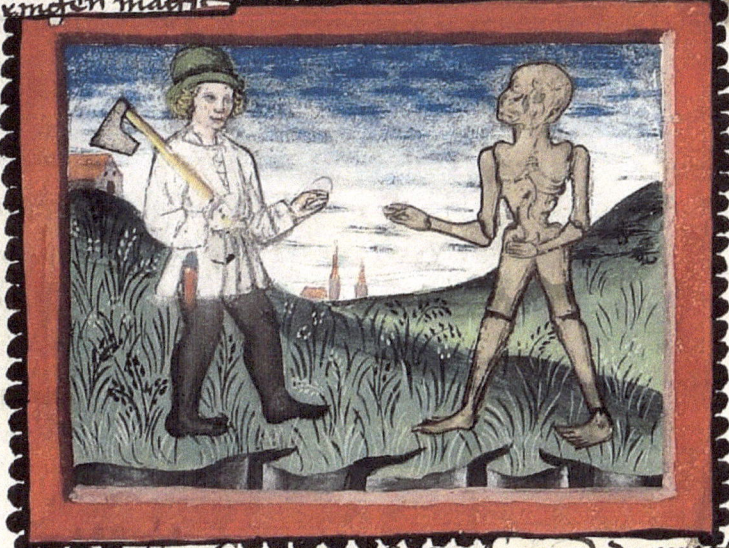

Jtt straffmig güttlich uffneme darnach
tim sol wisman hörel ich die wisti sehen
orwer straffmige ist öch lidenlich, wan dan ain hütt

Straffen auch an gütter an wiser wessen sol, So
rattent vn vnderweissend mich wie ich so vnsüglich
lait, so jemerlich kemer, so vsdermassen gross
betrübnuss, vss dem herczn vss dem müte vnd vss
den sinen vss graben vss tilgen, vn vss jagn sollen
By gott vnwilleseglich herczn laid ist mir gesch-
echn do min zürhtiche frawe vn stete hussere
mir so schnele ist entzuchtet, So tot ich witowe
min kinde waissen worden sind Oher tot alle
welt clagt vber ich vn och ich dz nie bisser ma
rwede Er wer an etwer gütt rattet helffent vn
sturrent wie ich so schweres laid vo herczen
werffen müge vn min kinder jmer söllicher rai-
ner mütter ergetzet worden Anders ich vnmu-
tig vn si turrig ymer wessen müssen vn dz solt
er mir nitt in vbel verwachen Wan ich sich dz vnd
vnuernüfftigen turren an güte vmb dz ander
tütt turret von vngeborn zwange, hilf rates vn
widerbringens Sit ir mir pflichtig, wan ir habt
mir den schaden Wo das nit geschechze dan got
herr in sein almechtigkait mindert rachunge
Berochen müst es werden wider, vn solt darub
horden vn schusslen noch amst gemiwett wer-
den vn gepurchen sin

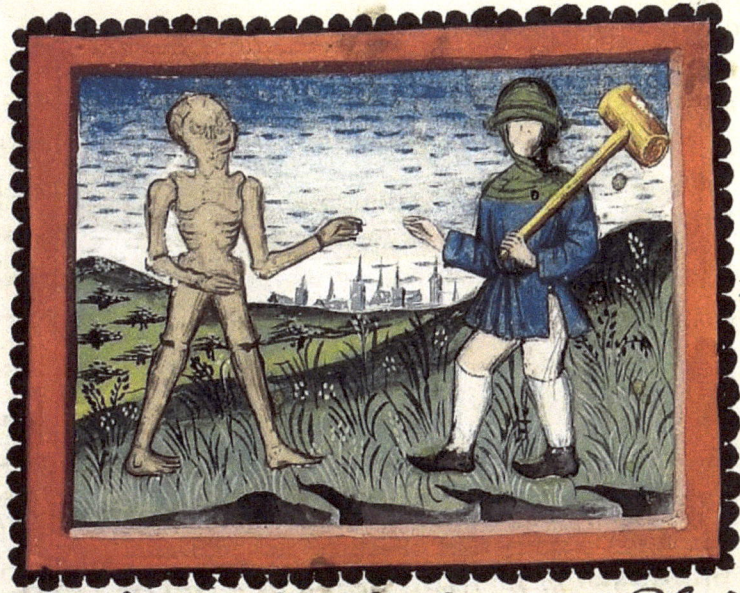

A ga ga ſchnadert die gans / ma bredi /
ge was ma welle / ſollich faden zercht
ſpinſt auch du / wie haben vor entworffen das
onleglich weſſen ſol der tott / der tottn Sit dem
mal das wir ain zolner ſin / dem alle meſchen
dz leben zollen mnieſſen wes widreſt du dich /
Warn werlich wer ons tuſchen wil der tuſchet
ſich ſelber la dir ingen vn verneme / das leben
iſt durch ſterbens willen beſchaffen wer lebn
iecht wir wern nichtz / vnſer geſcheſt wer
nichtz / do mit wer oͤch nicht der welte ordni /
ge ſint weder du biſt ſer laidig oder vnver
nuoͤſt huſſet in dir / Biſtu vnuernuͤnffti So
bitte gott vmb vernuſſt zu verleuchen Biſtu
aber laidig ſo brich ab vn la faren / Nim das fur
dich dz ain wndt iſt der luͤte leben vff erden
Du bitteſt rätte wie du laid vß dem herczn

bringen soltest Aristotiles hatt dich es vor ge
lertt dz fröde laut forcht vnd hoffenung die
vns alle welt bekümern vnd desglich die die sich
nicht künne hütten/ fröde vn forcht künen
laut forcht vn hoffnug legn die wile wann
die vier nicht gantz vß dem müte tribtt
d mueß alzeit in sorgn wessen nach fröde tru
bsall nach lieb laid muß hie vff erden ko
men/ lieb vn lait muß mit ain ander wessn
ains ende ist ains anfang des andern laidt
ist liebe ist nicht anders Dan wan ieht ain
menschen in sim sinne verfasset vn d z er vß
tuben wil glücher weiß als mit gnuegen
niemat arme vn mit vngenueg niemat
rich wessen mag Won gnüge vn ingenüch
nicht an hab noch an vswendig sachen sint
Sunder in dem müte Wer alle liebe vß dem
hertzn tuben wil der muß kain wird ichts lait
alzeit tragen Tribe vß hertzn sinne vn vß
dem müte/ liebes gedechtnuß alzuhant wir
su truren s über haben/ Als balde du ieht hast
verlorn/ vn dz nit kanst wider bringn Due
als ob es dir nie so worden/ hin flücht alzu
hant/ dim truren windest du nicht ton/ So
hest mere laides vor dir Wan nach ieglichs
lindes tod wider fert dir hertzn laid in alle
hertze laid dir vn me Wan sie vsch schaiden solt
Du wilt dz si wider si mütter ergetzet werdn
kanstu vergangen iare gesprochn wort vn
verrückten machtum wider bringen So wider

Bringst du die mütter dem kinde) Ich bon dir
genüg geratñ kanstu es verstñ stumpffer
vitel so verninn

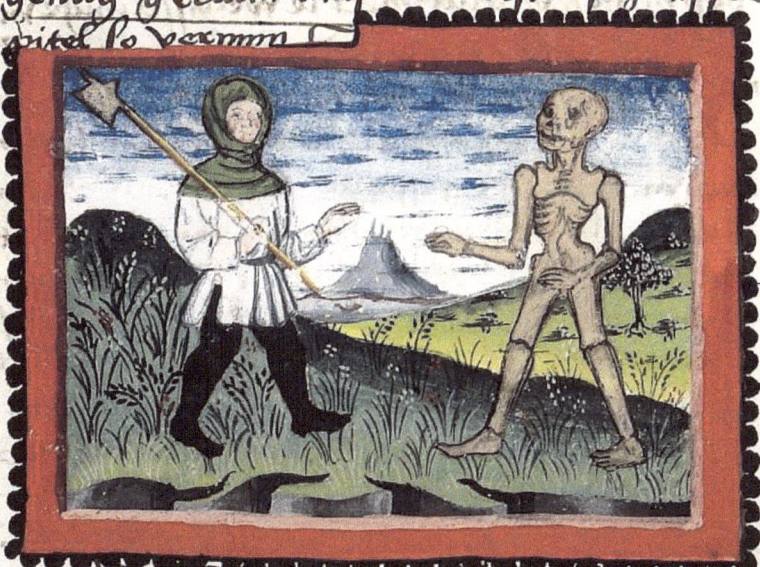

N die lenge wirt man gewar der warhait
Als lang gelernet etwas gelirnt vñer
sprüche die sind süsse vñ lustig des/Ich nun
etwas empfinde Doch solt liebe fröde wonne
vñ kurtzwille vß der welt vertriben wer/
den öbel wird eß ston die welt dz wil ich mich
Zietzñ an die römer die haben es selber geto
vñ haben das ir kinder gelernet Das sich
In erñ haber torniern stechen tontzn wed/
loffen springen vñ allerlay züchtige hübschi
tait treiben soltn die muß ich wile vf die rede
dz sy die wile boßhart überhabn/ wan menst
lichs müttes sinne kan nicht muß im von
den nd weßen sint wetter gut oder böße
muß alzeit wircken sinne gut bedencken ~

¶ Benomen So wirden In bösen von gut vß
böß In, böß vß gut In Die wechßelunge muß
biß an das ende der welt werren Oder fröd
zucht scham vn ander hübscheit sint vß der
welt vertriben, Oder ist so böß, ait scham,
den ongetruwe gespötte vnd verrettercy zu
male vol werden dz schent ∵ teglichen solt
ich, dan die gedechtnuß mein aller liebsten
frawen vß dem sine tuben Bösse gedechtnuß
wurde mir In den sine kome als mer wil ich
meiner allerliebsten albeg gedencken wan
groß hertzen lait In groß hertzen lieb wirt ver
wandelt wer kan das vergessen bösse lütte
tunt selb, gutt freunde stette gedencken an ain
ander, ferre wege lange Jare schaidn nicht
liebe freunde ist sy mir liebplichn tot In mier
gedechtnuß lebt sy mir noch ymer ∵ Herre tot
ir müßt trülicher ratten Solt vnser ratt
icht nutzes bringen Anders Je Ie der müß
müßt als vor der vntschafft tragen ∵

lieb nicht alzu lieb lait nicht alzu laid
Bo von gewin vn vmb verlust wisse man
wessen dz tust du nicht wer vm rat bittet vn
rat nicht volgen wil dem ist och nicht zu
ratten vnser guttlich geratten kan an die nicht
gehelffen es sy die nun lieb oder lait wir wel
len dir die warchait an die stirne legen es
höre wer da welle din kurcze vernufft din
abgeschnittn sinne din holes hercze welle ich
buten me machn wan ß gewessen magen so
machst auß ime mesten zeid du wilt es mag
nit mer sein Dan als ich dir sagen wil mit vr
laub aller fromer frawen din mesch wirstu stin
den empfangn mit vnraine vngenatn vnflate
In mütterlichn leibe generet am vnrain lust
nackent geboen vn ist ain geschmirtter win stok
din gantzer vnflat am vnrain lust din kalt
fasse ain vnraine spisse am stanckhusse din
vnlustig spülzuber am fules esse am stimmel
kast din bodenlosser sackke din locherte testh
am blasbalg din geitiger schlont din stinck
kend lm tiech din übel richender haren kug
am übel schmeckent aymer din betriegter
totenschein din laimi rauchauff am vnstetig
lestgrock din gemalte betrübniß es merck
wer da welle Am ygliche hant gewurcketes
mesch hatt nm locher In sine lib vß den alln

laisset also vil vnlustiger vncain vnflate das
Nicht vncains gewessen mag So schönes
messige gesachstu nie hestu ain lintzn augn
vn findest in wendig sehen die wunde dar
ober druwen Nemm vn zuhe ab der schönen
frawen des sinders frawe So sichstu ain schem
lich docken Ain schir schwelhende blome vn
kinez tuncent schein vn aine bald fallenden
erden knollen wisse mir ain handsol schöne
aller schöne frawen die vor hundert iarn
haben gelebt oß genomē der gemaltn in d
wende vnd habe die des kaysers krone zu
ander la hin fliessen liep la fliessti lait la
zine den ain als ander wasser Esseldorff
wisser göttlich

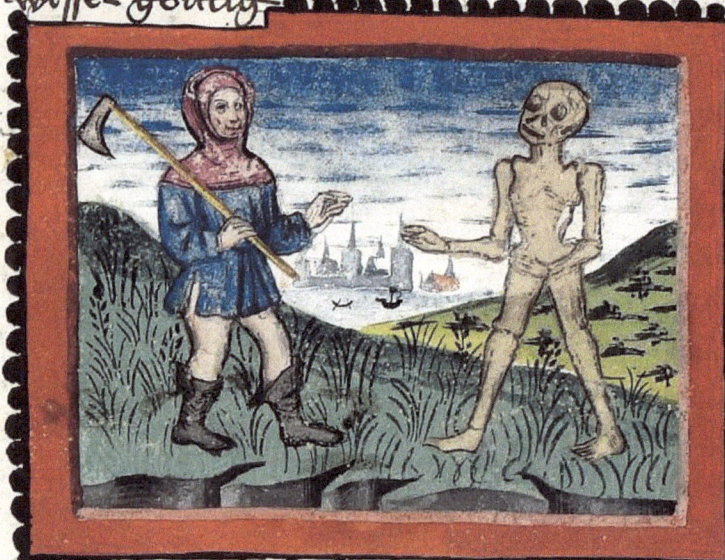

Du vch Bössez schadn sache wie verricht
test vbelhandelst vnezet ir den werdern

Menschen Gottes allerliebste creature da
mit ir och die gottheit schmecket Aller erst
bewiß ich daz ir lugenhafftig sint von in dem pa-
radiß nicht getrumet, als ir sprechent wert
ir in dem baradiß gefallen, so west ir dz gott
den menschen vn alle ding beschaffen hat der
über su alle gesetzet hat, als dz der mensch den
tierren, dz ertrich den fogeln des himels des
meres vischen, vnd allen früchtn der erdn herr-
schen sol, als er och tut solt dem der mensch so sch
nöde böss vnrain sin, als ir sprechent, wärlich
so hett gott so gar vnrämlich vn gar vnnützlich
gewircket, solt gottes almechtige wirdige
hand, so vnrämiges vn so vnfletiges mensche
wercke haben gewirckt Als ir schribt sich
eßlichen vngemalter wircker wer er, so
stünde och dz nichts dz gott alle dinge vn den
menschen über sich zu malle gott het besch-
affen Herre tott lat vnser vnnützes claffen
ir schendett gottes aller hübschtes wercke
Engel tüffel schrettly clag mut dz sint
gaist in gottes zwange wesen Der mensch ist
der aller achtrest Das aller behendist vnd
dz aller stiffest Gottes wercke stucke in selber
hat es gebildet als er och selbs in der ersten wür-
ckunge der welt hatt gesprochn wo hat ye
werckma gewircket so behendes vn wirckeris

Sturcke aine so werdtberlichen clainne clos als aines
menschen hopt In dem ist kunstrich allen gotte v-
borgen abentüre vborgen Do ist in des auges ap-
fel dz gesicht dz aller gewisst zwinge mai ster-
lich in spiegels wisse verworcht bis an des hymels
clare wirckett es Do ist an den oren dz sere wir-
ckende gehorren gar durchmerchtigkliche mit
aine dinen felle vergittrett vnd zu vnderschait
mangerlai süsses gedons Do ist in der nassen d-
ruch oder nark durch zwailöcher In vnd vs
genden gar sinnlichen verzieret zu beheglich
sensstikait alles lustsames vn worisames rie-
chens Do ist naruch d- felle Do sind in dem munde
Zene als bij sutnes teglichs malende In stirker
Darzu der zunngen ainus blat den lütten zu
wissen brincht gantz der lütte mainung auch
ist des stymackes do allerlay costelötsam prü-
finige Do by sint In dem kopffe vs herczn grind
gende Aine mit von ain niesth wie ferne er
wil gar schnelle daucht In die gothait vnd
dar über gar clmiet ist der messhe mit den
sinne Klaine d- niesth ist empsachende d-
vernöfft des edlen hordes Er ist alain de-
liebplich clos dem glichn niemat von gott
gewuercken kan dar Inne alle behende weerke
alle kunst vn maister schafft mit weisshait sin
gewirckett la sarn her tot Es sind des meschn
sind darüb Ie tann guetes vo In sprechent

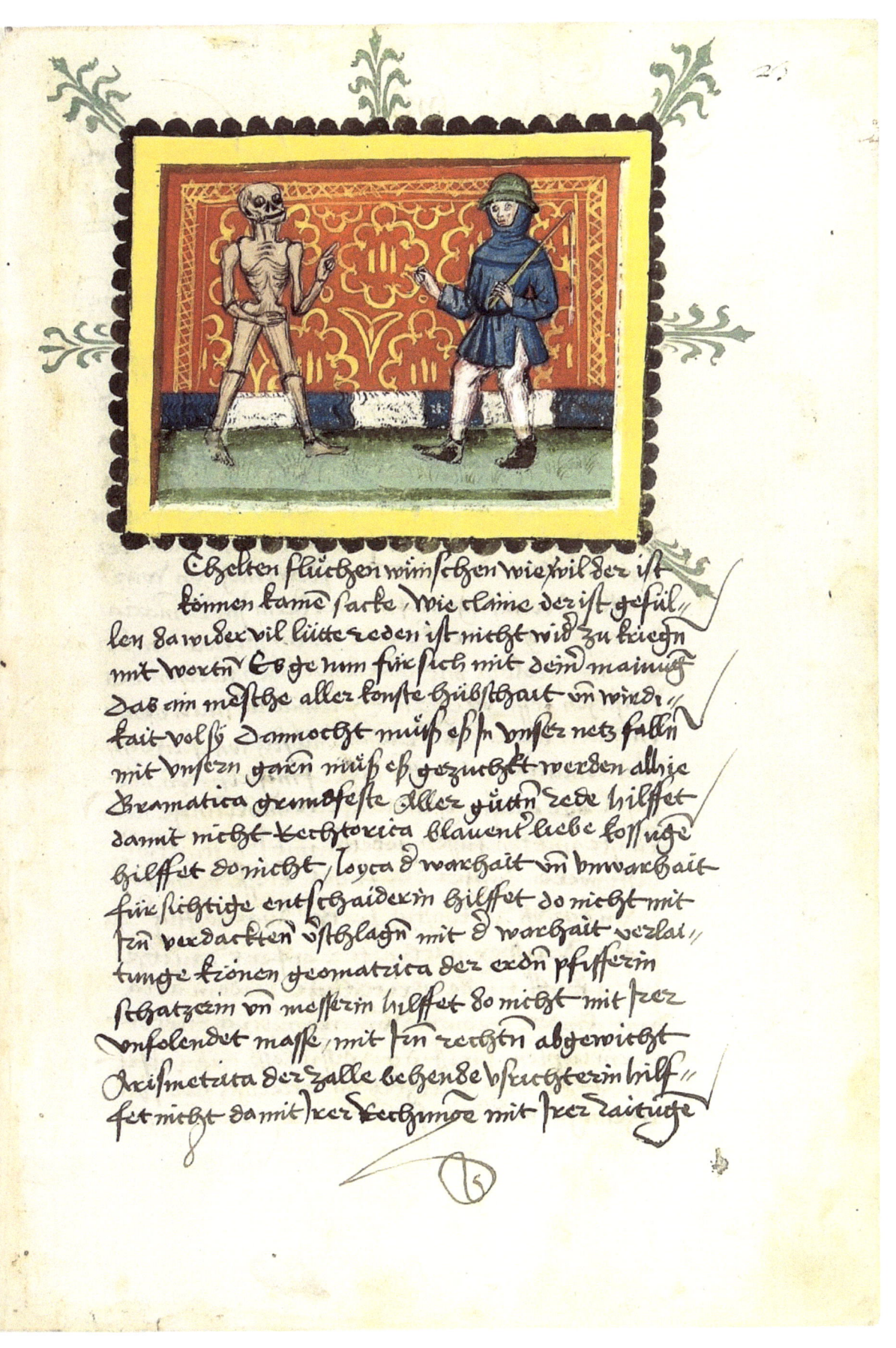

Schelten fluchen wünschen wie vil der ist
können lame sache. Wie cleine der ist gefül
len da wider vil lütte reden ist nicht wid zu kriegn
mit worten. Es ge nun für sich mit dem mainug
das ein mesche aller konste hübschait vn wird
kait volst. Dannocht muss es in vnser netz fallen
mit vnsern garn muss es gezuckt werden allhie
Gramatica gewissefeste aller gütn rede hilffet
damit nicht. Rechtorica blauent liebe lossunge
hilffet do nicht. Loyca d warhait vn vnwarhait
für sichtige entschaiderin hilffet do nicht mit
sen verdackten vsschlagn mit d warhait verlai
tunge kronen geomatrica der erdn pfsserin
schatzerin vn messerin hilffet do nicht mit irer
vnfolendet masse. mit sen rechten abgewitzt
Arismetrica der zalle behende vsruchterin hilf
fet nicht damit irer verhimoe mit irer raituche

Witt in Behenden Ziffern Nicromonia des
gesters maisterin hilffet da nichts mit in
fluß der planetin Musica des gesanges in der
styme geordentte hant wairckerin hilffett
da nicht mit den süessen gedone mit den süne
stimme Philosophia acker der weisshaitt
in zwiretze oder in natürlichen oerten imsse
und in gutter sitn wircklimge gearbeit vnd
gesait in vollekomelichn gewachsen phisica
mit manigerlay sturmde trencken Geromania
mit der satzinge der planetin vnd des himels zifens
gauchn off erde allerlay frage behendikait ver
antwortterin Dromacia florunof vn war
hafftige warsagens firbürckterin Jnbramania
in wasser gewircke der zukinfftikait entber
terin Astroloia mit oberlendischen sachen des
ledischen lofft pflegerin Geromania nach herde
vn nach tettn des trassen brubsth warsagerin
Jnbramania mit tottn opfer fingerlin vn mit
sigel der gaiste gewaltige wondelimge nottn
kimste mit den füessen gebetin mit den straken
besthwere Auger der fogel kiesse verneme
in vn dar vß zu kimftig sachn warhafftig zu
sager Neuspex nach alter opfers rauche
in zu konft timde verichtiche Pedomania
mit kinder gedieme vn oromania durchen
derin luplein sucist der gewissn losse rist hilfet
nicht do mit rechtes vn vnrechts für spre
chennge vnd mit süne kumne ortailen die

vnd anders der vorgeschriben an hande kunste hel=
ffen nicht zu malle yeder mest ye von vns ab=
gesturczet in vnsem wacktroge gewalten vn
in vnsem rolfasse geseget werden dz globe
vnd her stab knebett

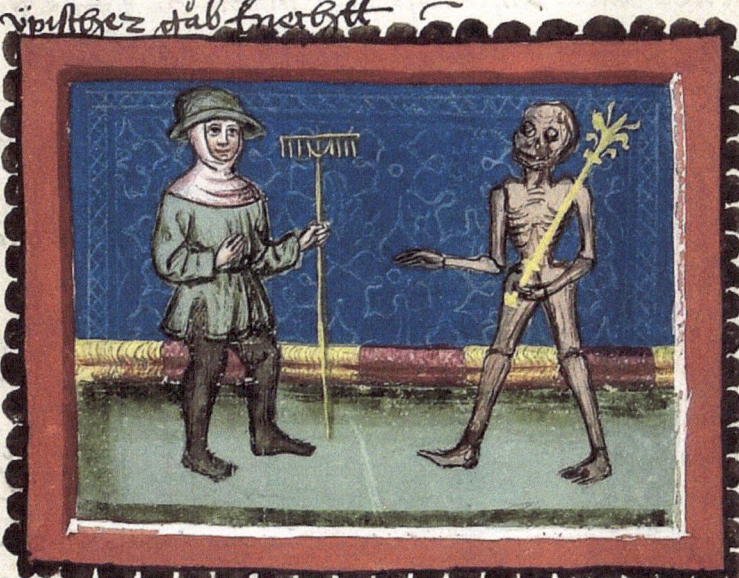

In sol mit vbel mit vbel rechin gedul=
tig sol vn nia westr gebietn der
tugende lere den pfade wil ich nach tretten
ob es licht nach vngeldult geduldig wertt
Ich vernim an vwer rede es moint es rattott
mir gar getrewlich bonet trutve vn stette
By doch so rattent mir mit trutton In gesth
worns ich wiße In was woßeß sol Ich mir in
leben richten Ich bin vermallen In der liebin lusti=
gen ee gewessen war zu sol ich mich nu wenden
in weltliche oder gaistliche ordnugne die sind
mir baide offen Ich nem fur mich In den sine

Allerlay lütte wellen schatze vnd wige sind flüsse
vnd vollomen brüchtig vn ane zwiffel mitt
sünden fonde ich si alle in zwiffel vie wol ich
bin kern solle. Mit gebrechen ist bekömert
aller lütten omstal ist not in minem sinne we=
ne vn globe ich fur ware das nie so zamet
göttliches neste vn wesen kome nümermere
by der selle. Ich spreche west ich dz mir ündert
ee gelingen solt als ee in der welt ich lebe=
de wille loben were. Min lieben von som lusti=
som vn weltsom vn weltgüttige. Ist ain man
der ains biderbs wip hatt. Ee wonder wo er
wonder. Nin yeden sollichen ma ist auch lieb
nach norunge zu stellen vn zu trachten
yme ist auch lieb vn ere, mit eren mit trui=
wen gütt mit güt widergelten. Es bedarff
iz mit hütten wann si ist die beste hütte Die
kein frome wib selber tütt. Wer sol sin wib nicht
globen vn trüwen globen wil der müss sterken
in stettin sorgen. Her von oberlande fürste vo
sih solen wol sin wen an mit so zaim bett
genessen bey abest. Es sol den himel an sehn
dic mit vffgerechten henden dometen alle tag
tü dz beste hertot vermügendez herre.

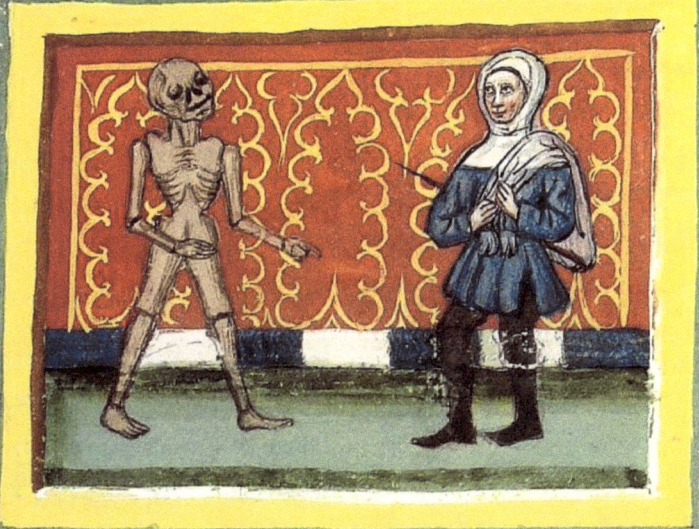

Oben one Ende stehenden ane zil was sie
fürfassen pflegen etlich lütt by leben vnd
by stehenden. sol fug vn masse sin ob ma sz vmb
betreff dz ma sin stat habe. du lobst sinder
masse etlich leben vngezart aller ramfrawn
Als balde als ain ma, ain wip minpt als balde ist
er selb ander In vnser geuentknusse zu hant
hätt er ainen hantschlag aine anhang ain
hantschlitin ain joche Im kumpt ain burde aine
schweren laste aine segen tuffel ain teglich zot
film der er mit recht mit entbern mag die wil
le wie mit In micht dunt vnser gnade Ain berwip
ter man hatt dannocht schür fühs schlangen
alletage In sine gusse Ain wip stellet dar nach
alle tag das si ma werde zuchet er off so zuch
ett si mder wil er sol so wil si sunst wil er da
hin so wil si dardhin. Böllichs spils wirt er

att vnd sigeloſſe alletage druefn liſtn ſme
ritzen ſtrime lieblosſen wider burren lachen vn
wime kom ſ wol in aine ougen blicke Angebor
iſt es ſie ſneth zu arbait Beluſt gesint zu
wolluſt Der zu zam vn wilde iſt ſie wa ſie
des bedarff vmb werwort finden betarff ſie
kains rattmaß Bebettn dinge nicht tun ver
botn dinge tun flieſſe ſ ſuch vn des iſt zu wenig
nun iſt es zu fru nun iſt es zuſpatte Alſo ſo
wirt es alles geſtraft wirt dan icht gelobt
Das muß mit ſchanden in aine tertoſſel ſtul
le gezeret werden Dannocht wirt es leben
dicke mit geſpotte gemiſchet Ain man in der
ee lebt kan kain mittl vff haben Iſt er zu
güttig Iſt er zu ſcharff An in baiden wirt er
mit ſchaden ſtraffen Er ſey mue habgüttig ſch
arff Dannocht iſt da kain mittl ſchadellich
oder ſtreflich wirt es alletag hie minne One
mittung oder lieſſen Alle wochn fromde vff
ſatzunge oder wurtſln Allen monat nun en
vnluſtige vnflate oder gawe Alle iare minnes
claiden oder teglichs ſtraffen muß man gelurbt
man haben Es gerinne es wo er welle der
nacht gebrechen ſ aller vgeſſen von alters
wegen ſcheme wie vns ſchontn wie nicht
der byderben frowen von den vnbyderben kinde
wie me ſingen vn ſagen waß was du lobeſt
du kerneſt mit golt by blye

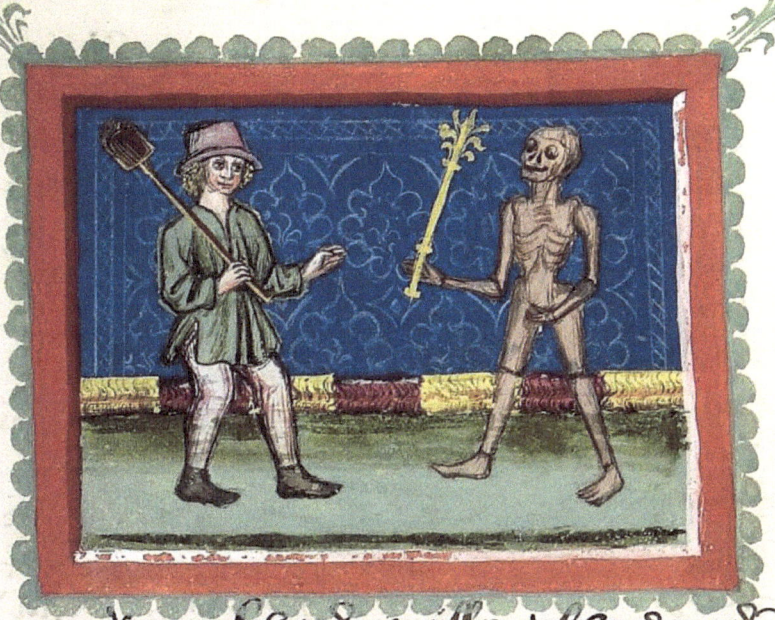

torwen schender müssen gestchend werdn
Sprechen der worchait maister wie ge-
schücht vch dan her tott viuer vernösstig
frowen schenden wie wol es mit frown velch
ist Doch ist es werlichn noch schendlech vnd
den frown schondlich Jn manichn wissen mai-
ttes geschrisst findet ma das mon one wibes
stuwee memaltz mag mit selden gestincket we-
den wan wibes kinder habe ist nicht dz miste
tail der jedischn selden mit söllich worchait
hat den trostlichn maist im Römez boeciu
hin gelegt philosophia durch wis maisterin
dim yedez abentturclichez vn sinig ma ist nine
des zirls kain man kon kain wessen ez si dan
gemaistet mit frowen zucht Es sage wez
es welle dim zuchtiges schönes wyb ist voz
aller jedischez oufenwaide So meschlich ma
gesach joh wie der recht müttig wirde dan

Lit mit frowen trost gesturet wo dan der
gutten samenung ist Do suecht man es alle tag
vff allen planen vff allen höffen, by allen tur-
nieren In allen herfarten dund die frowe se
das beste wer In frowe dienst ist der muss
sich aller misstat anan, mit recht zucht
vn ere leren, die werdn In sicherheit h-
disther fröden sint gewaltig aller hübschait
vn kurtzwille vff der erden sind zain fro-
wen ir zucht trowen krafft vn zuchtigt fur
alle waffen sin from man ain liebkosen mit
forezer rede aller welt vffhaltunge besti-
ge vn merunge sint die werdn frowen ye
doch by golde by waisse ratten by allerlay mo-
tze donnoch die gutten sollen d bossen mitt
engelten dz glaube hoptman von precicte

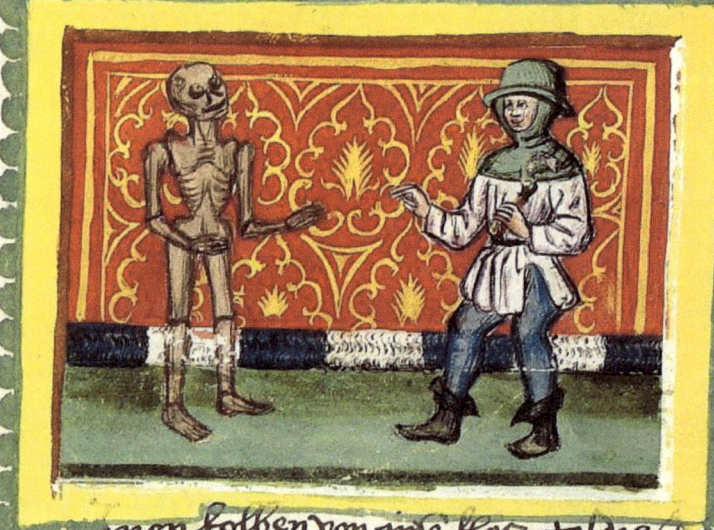

nen kolben von aine klotz goldes Vnn

Rottn hie ain thopaſſin Ninen liſſlmg vor
 aine torvein / nimpt ain naze Die howe ſchu=
rren ain burck Die donowe des mere den mu=
ſſore aine fallen nemet d' tore Alſo lobeſt du
der auſen luſt Der vrſachn ſchertzeſt du nicht
Wan du waiſt nicht Das alles was in der welt
iſt ſinttweder begerunge des flaiſch oder be=
gerunge d' augen oder hochfart des leibes
Zu ere ſint gemacht Das gutt bringet gieru=
ge oder geittikait die wolluſt macht geittig=
kait vn vnkuſthait der ere Bringet hoch=
fartt vn aime dʒ gutt Doſtikait vn forcht
von wolluſt boſſhait vn ſtinde vo ere getti=
kait müſſen ie komē kundeſtu dʒ vernemen
Du wurdeſt itelkait in aller welt finden
vn geſchertze die dan lieb oder lait das wurē
deſtu dan güttlech liden Auch vns vngeſtra=
fft laſſen Aber als vil ain eſſel hierne kan
als vil kanſtu die warhait vernemē Dar
omb ſin wir ſo ſer mit dir bekimert Do wir
Picannin den Jumglmg mit tibſen d' maide
die paide ain ſellen hettn vn woilln ſchieden
Do wir kimig allerand allez welt herſch=
afft enterigten Do wir parÿſſ von troyn vn
helenia vo kriechn zerſtörttn Do wurden
wir nicht alſſ ſer als von dir geſtraft omb
kaiſer karle marggraff willhalm dietterich
von pern den ſtarcken terken vn vm den hiorne

Dfsid haben wir nicht also vil minne ge=
habt Aristotelem vn auicenam clagn noch by=
iitte vil liitte dannocht sint wir vngemüt
danit d gedultig vn salamo d weißhaitt
sterben ⸗ya wart vns me gedanck
dan gefurcht die da vor waren die sind al
da hin du vn alle die noch sind oder noch we=
den miessen alle hin nach Dannoch blip wir
tod hie herre vns vch daucht der welt

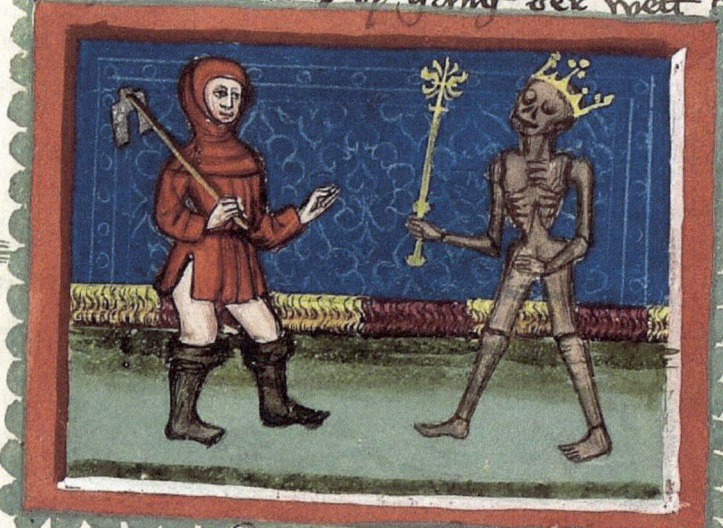

Jhen rede verurttailt dick aine man
vn sunderlich aine der rezimt aine
vn darnach im anders redt Jz habt vor gesp=
rochen Jz sit etwas vn doch mit ain gaist
vnst des lebens ende von vch sint alle jeist
che lüt enpfolchn So sprechnt nu wir
miessen all da hin vnd Jz herre tot belibtt
hie herd Zwo widerwertige rede, Jnuge mit

Ander mit war sagen sollen wie von leben alle
da hin schaiden vn ieclich leben sol als ende
haben So merck ich wa nimmer leben ist
So wirt nimmermer sterbens vn tods war
compt tz dan hin her tot Jm himel möcht tz
nicht wonie der gaist gegeben den güttn
gaisten kain geist Sit tz nach vnser rede wa
re dan nimmer vff erdn zu schaffen habt von
erde nimmer werdent So müst tz gerichtz
Jn die helle Do müst tz ane end krachen
Da werden auch die lebenden vn die totten
Jn och gerochen Nach vnser wechsel rede kan
sich niemat gerichten Solden alle iedsötze wm
ge ß böse schnode vn vnsüttig Jm beschaffen vn
gewircket Das ist er von anfang der weldt
wie gezigen tugent liebe halt boßgait gesch
afft sünde über sehen vn gerochn hat got biß
her Ich globe hin nach time er och dz selbe Ich
hon von iugent vff gehortt lessen vnd gelernet
wie alle ding beschaffen habe wie alle iedisch
leben wessen söllen ende nerde So spricht pla
to vn ander wissagen dz Jn allen sachen ains her
züttinge dz ander werunge sey vn wie alle
sachen vff vnser kinder sint geburret vnd
wie des himels lasse aller vn der erdn von aine
in das ander verwandelt werden dar vff nian
buwen sol wolt tz mich von nine clage stoere
cken Daz büsse ich mich mit vnch zu gott men

Das alles verderber do mit gebeh dot ein
böset

ist ain man wendet der an hebt zu reden
wie werde dem vnderstossen nicht vff ge
hören kan du bist öch vss dem selben stempfel ge
wincket do mit wellen wir ende machen die
erde vn ire behaltunge ist vff vnstettikait gewü
bett in diser zit ist s wandelbere worden won
alle ding haben sich verkertt dz hinder her für
dz foder hin hinder daz vnder gegen berge das
oben gegen talle daz ebich an dz recht hat die
maist menge volks gekertt in finster flamen
stettikait Von ich alle menschlich geschlecht
getretten aine schine zu griffen An gütten tru
wen bestendiger fründt zu vinde ist nochet
gelich vngelichs vff erden werden Alle menschen
sind mere zu boshait dan zu gütten geraigt
tütt nu niemans ichts gütz dz tüt er vss bosch
wege alle lütte mit allen sem gewercke sind vol
vttellait geworden / zz libe zz wibe zz kind zz ere

Ir gütt vnd all ir vermügung flüisset als da
hin mit eime ougen blicke verschwindet es mit
dem vnde verwist es / Noch kom der steine noch
der schade mit bliben Mercke briffe sieche vn
schorwe was nun der mesth kinde vff erden
haben wie sie berge vn talle stöcke stam vnd
gefilde Alpen wildniss des meres grunt der
erden tieffe durch irdisch zu betrübnuss In iamer
vn in komer In ellende vn in mancherlay wider
werdikait begintz Noch ist dz aller gröst dz ein
mesth mit wissen kan wann wa oder wie wir iff
vrbluzlingen vbefallen vn es iach zu loffen den
weg der töttlichen die burden müssen tragen
herren vn knechte manne vn wibe riche vn
arm gut vn bösse O lade zu versicht wie we
wir achten die dome was zu spatte ist / so welln
sie alle frome werden das ist alles ittelkait vn
beschwerunge der sele doc vmb lass din clagen
sin vn truit / In welluthn orden du wilt du findest
gebrechn vn ittelkait dar imme ye doch kerre
von dem bössen vnd thue dz gutt Suche den fri
den vn tu In stette vber alle irdische ding ha
be lieb rein vn lütt wessen vnd das wir die
recht geratn haben des kome wir mit dir
an gott den ewigen den grossen vnd den starckn

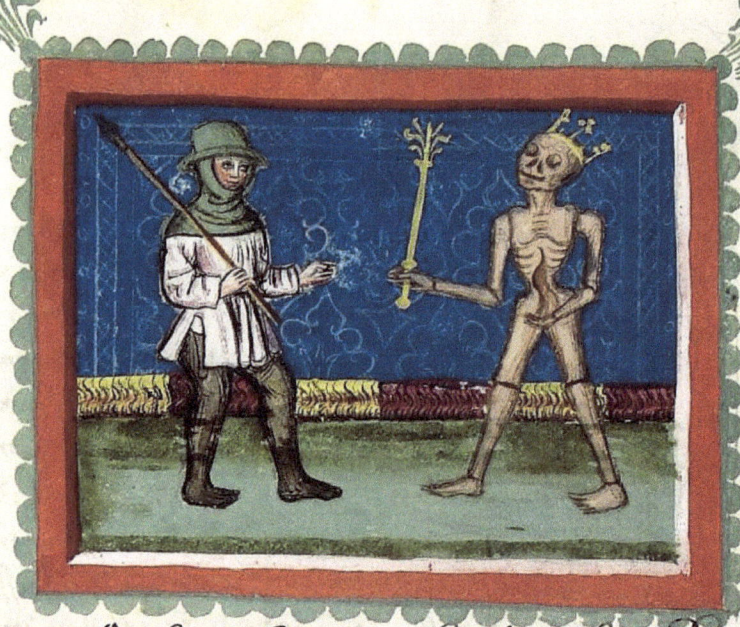

er lentze der sömer der herbst vnd der
winder die fiere erqwilent vn hond hel
ler des Iars die winden zwaitzechtig mit gro
ssen kriegn ir yedweder römet sich sins gütt
willen In regen wind den donner schur stne vnd
allerlay vngewitter wie si sich sthowen vn dief
fe grind grübe In die erde durch grabenn der
erden Ander durch buwen glantz erdern such
ent die sich durch selzelkait willen für alle
dinng lieb haben wie si holtz wollen gewende
zime sliusser den schwalben glich klorben pla
ntzn vn beltzn bömgartn arbern oz ertrich bu
wen wim wachsen machn Mülwerk zu tün
zinsse bestellen fischerine waidwerche vnd wil
prett grossen herrn siechs zu same taün vil
knecht vn maide haben rorche pferde ritten
golde silbers edelgestains reiches gewandes
vnd allerlay ander habe hüsser vn kisten voll

Haben wolluſt vn blůme pflegn dornach ſi
tag vn nacht ſtellen vnd trachten was iſt das
alles Alles iſt ain ittelkait vnd vſſeruy der ſelle
vergencklichait Als der geſtrig tag der ver=
gangn iſt Mit kriege vn mit roub gewinneſt
es wan ie me gehabt ye malichley gehebtt
vn gerobt zu kriegn vn zu werren laſſen ſi
es noch ſn O du tottlich mentzait iſt ſtettikli=
chen ſn engſten ſn trübſal ſn lait ſn ſorge ſn
forchte ſn ſchuchunge ſn wetagn ſn ſiechtagn
ſn turen wirkunge vn wolt der böſte ſm der
lentze ſprach erqwicke vn macht gruſtig alle
frucht Der ſomer ſprach Ez machte zittig
vnd riff alle frucht Der herbſt ſprach er bre=
chte vn züchte ſn baide ſn ſtedel oder ſchuren
vn ſn keller vn ſn hüſſer alle frucht Der wi=
nter ſprach er verzartte vn vernutzte alle
frucht vnd ſtribe alle gifftragende wurm
Sr zümpten ſich vn kriegtn vaſt Sr thuun aber
vergeſſen dz ſie ſich gewaltig herſchafft zu=
mten troiſtlich tut ſn baiden der clag clagt ſm
verluſt als ob es ſm erbrecht were Ez went
mecht dz ſi vo vns wer verluchn der tott zumpt
ſich gewaltig herſchafft die er doch allain von
vns zu lehen hat empfangn der clagt dz mecht
ſm iſt diſer zumpt ſich herſchafft die er mecht
von ſm ſelber hatt ye doch der krieg iſt mt gar
me ſache ſr habt baide wol geforchten den So

bringt laiden und clagen dissen den one sertichte
des clagers die worhait zu sagen darumb cla
gen la herr tot sit ye der mensche dem tod dz leben
den lip der erden die selle uns pflichtig ist
zu geben gott dem almechtigen

Der wachender wachter aller welt gott
aller gotte herwunderhafftig aller gaiste
furste aller fursten dem Brone uß dem alle güti
hait flüsset heylig alle heyligen kröner und
die crone alle krone loner un der lone kurfürste
der kurfursten aller ture wol in wart wer ma
hait von ime empfacht der engel fröde und
wonne intruckt der aller hochsten forme aller
gaisser umgebung erhöre mich o liecht dz nit
empfacht ander liecht liecht dz verfinsteret
un erblendet alles uß wendige liecht schine
vo dem verschwindet aller ander schine schine
zu dem achtunge alle liecht un finsternisse zu de
aller schat erschinet liecht dz in der abegrimisse

gesprochen hatt vnd werde liecht fur das
vnuerloschen ewig brinnet anfang vn ende tz
höre mich ohaile vn selden vber alles haile
Ane alln zsal zu dem ewigen leben bessers ane
dz dan mecht bessers ist leben dem alle dinge
leben vber allewarhait vmbfluisset alle weis
hait Aller stercke gewaltig recht vn gerech
tet hont beschonnrer vn wid bringer aller gebrec
chen Gantz vermögend stad vn satunge der
tinsstigen labunge bigel d aller höchsten mai
estatte Beschliessung des himels inning erkener
aller meschen gedencke vnglicher pilder aller
meschen antlitz blanett gewaltig aller blanettn
gantz wirckertter insflusse alles gestierns des hils
hosses gewaltig vn worme somer hoffmaister
zwange von allen himliche ordnunge vss irme ewi
gen angel nimer treten mag liechte son erhöre
mich ewige lutzerne ewigs iemerliecht rech
tt farender marner in forke vnder get nimer
spanner fuerr vnder dem niemat sigloss rytett
der helle stifter d erdn closse bumer des me
res demer der luft vnderstikait Müschier dz
finces sitze drefftig alle element tremer don
es bluffes nebels schnes sturmes regens rege
bogen miltewes windes vn alles tzt mit brü
chunge inning essmaister alles himlischn theds
gewaltig hertzog vnuersegenlich taiserr
Aller senfftichschter aller sterckster vnd aller

Barmhertzigifter Schöpffer erbarm dich vnd
erhör mich Schatze von dem alle schatze ent=
springen vrsprung vß dem alle zonn oß flüße
flaissen fürzerdach dem niemat tz wirt in
allen weßen notthaff zu dem alle gütte dinge
Als zu dem wiesel der pin nachet vn halten
sich vrsache aller sache erhöre mich Aller
flüchten widerbring Arzet maist aller maist
Allain vatter aller schöffunge allewege vn
an allen enden Begenwürttiger zu sehez
vß der mütter in der erden gruft selb mögen
gelaitt Bilder aller zonn grunttfest aller
gütten wercke olt worhait hasser aller vn
flettibait loner aller gütten dinge Aller rech=
ten richter dmir vß des anfang allen sach
dwegtlicher nimer wither erhöre mich

Ott heſſer in allen angſten feſter knod den
niemat vff binden mag vollcomes weſens
das aller vollcomhait mechtig iſt Aller haimli⸗
cher vn niematz wiſſender ſachen wacha ſtuer
erkenner Ewig freoden ſpenn erdiſchen wennen ſto⸗
rrer wie ingeſimme vn huſſgenoſſ aller guten
lutte jager dem alle ſpine verborgen ſind aller
ſnd vnn ſinner ingus rechter vn zu ſoume halt
mitil aller zirrell maſſ Snedig erhore aller
ſu dir roſſender erhore mich Nachenter biſten⸗
dig aller betireſſigen tureu wender Aller in
dich hoffent der hungrigen wider fuller vff
ieht nichts allem vermugender wircrer aller
wiſſn weſtn zit weſtn vn ime weſſn Somtz me⸗
chtiger erqwicker vffhalter vnd vermechter
des weſſen Ach als du in dir ſelber biſt vſruchtn
fiſterer entwerffn vn obneme Niemat ton gautz
gut vber alles gut Aller wndigiſter ewiger
herre Ihu empfache gnedulichen den gaiſt erſt⸗
arche gutilichn die ſelle min aller liebſten fro⸗
wen die ewigen zuwe gibe ſz mit deme gna⸗
den towe labe ſie vn der den ſchadn gnugte den
ninſtn als den groſtn Ja ſi herre von bonne ſie
tome iſt wone in inem riche By den obenſelign
gaiſtn Mith zunet margret min vſerweldes
wib Bonne ſz gnademicher her in deni alme
chtigen ewigen gotthait ſpiegel ſich ewillich
erſehen beſthowen vn erzowen Dorinne ſich
alle Engliſche tore erzluchten alles das vnd des

...nigen samen treger gehört es sey wellicher //
lay creatur es sy hilff mir vs hertzn grün //
de solich lachn mit mir ait sprechen werd

Hab gott lieb vor allen dingen
So mag dir nit missgelingen